乡村振兴背景下农村电子商务的发展思路与对策研究

——以重庆市为例

陈 港 著

中国商业出版社

图书在版编目（CIP）数据

乡村振兴背景下农村电子商务的发展思路与对策研究：以重庆市为例 / 陈港著. — 北京：中国商业出版社，2023.11

ISBN 978-7-5208-2848-2

Ⅰ. ①乡… Ⅱ. ①陈… Ⅲ. ①农村-电子商务-研究-重庆 Ⅳ. ①F724.6

中国国家版本馆 CIP 数据核字（2023）第 246984 号

责任编辑：袁开春
策划编辑：黄世嘉

中国商业出版社出版发行
（www.zgsycb.com 100053 北京广安门内报国寺 1 号）
总编室：010-63180647　　编辑室：010-63033100
发行部：010-83120835/8286
新华书店经销
天津市蓟县宏图印务有限公司印刷

*

787 毫米×1092 毫米　16 开　9.25 印张　145 千字
2024 年 6 月第 1 版　2024 年 6 月第 1 次印刷
定价：58.00 元

* * * *

（如有印装质量问题可更换）

前言
Preface

党的十九大报告中明确指出，必须始终把解决好“三农”问题作为全党工作的重中之重，实施乡村振兴战略，就要坚持农业农村优先发展，坚持农民主体地位，坚持乡村全面振兴。党的二十大报告对全面推进乡村振兴作出深刻论述和全面部署，报告指出：“全面建设社会主义现代化国家，最艰巨最繁重的任务仍然在农村。”“坚持农业农村优先发展，坚持城乡融合发展，畅通城乡要素流动。”这是新时代处理工农、城乡关系的准则。全面推进乡村振兴离不开农业农村的全面发展。近年来，我国农村电子商务的迅速发展，为农村经济的发展不断注入新动力。此外，2019 年中央一号文件明确提出了“实施数字乡村”的发展目标，要求“继续开展电子商务进农村综合示范”，实施“互联网＋农产品出村进城工程”。2021 年中央一号文件指出，要“加快完善县乡村三级农村物流体系，改造提升农村寄递物流基础设施，深入推进电子商务进农村和农产品出村进城，推动城乡生产与消费有效对接”，多种举措共同推进了电子商务进农村的发展进程。2023 年中央一号文件聚焦乡村振兴主题，为乡村工作指明了方向和目标。

近年来，重庆农业经济快速发展，这为重庆市农村电子商务发展带来了难得的机遇与契机。同时，大力实施农村电子商务又为促进农业现代化建设、繁荣农村经济提供了重要条件。因此，在全面推进乡村振兴背景下对重庆农村电子商务进行系统，不仅有利于实现市场资源的快速流动，而且能够有效推动农产品交易，进一步加快当地农业经济发展。同时也要看到，重庆市在发展农村电子商务过程中面临着诸多问题。本书以相关电子商务理论为指导、以国家和重庆市相关产业政策为依据，系统阐述了全面推进乡村振兴背景下我国农村电子商务的发展现状和趋势展望。在此基础上，本书以重庆为例，通过实地调研，了解并发现目前重庆农村电子商务发展现状和存在的问题，进而提出重庆大力发展农村电子商务的思路与对策措施。

本书是市级高水平专业群现代物流管理专业建设项目成果，同时也是重庆城市管理职业学院高层次人才科研启动基金项目——《乡村振兴背景下农村电子商务的发展思路与对策研究》（项目号：2023KYQD03）。重庆城市管理职业学院跨境电子商务专业陈港老师承担本书的撰写任务，中新（重庆）跨境电子商务产业园和阿朗斯（重庆）科技集团有限公司为本书提供了大量的案例和市场数据。希望本书能为重庆市乃至全国农村电子商务的发展提供参考与借鉴。

由于作者水平有限，书中还存在一些疏漏与不妥之处，敬请广大读者批评指正。

作　者

2023 年 6 月

目录
Contents

第一章
绪 论

一、研究背景

党的十九大报告作出中国特色社会主义进入新时代的科学论断，提出了实施乡村振兴战略的重大历史任务，在我国“三农”发展进程中具有划时代的里程碑意义。党的二十大报告对全面推进乡村振兴作出了深刻论述和全面部署。党的二十大报告既论述了全面推进乡村振兴在全面建设社会主义现代化国家全局中的地位、作用和意义，又全面部署了当前全面推进乡村振兴必须抓紧落实的各项主要任务，为各行各业在推进乡村振兴中如何找准自己的位置并作出贡献，提供了明确的指导方针和基本遵循。党的二十大报告首先明确指出：“全面建设社会主义现代化国家，最艰巨最繁重的任务仍然在农村。”接着就提出：“坚持农业农村优先发展，坚持城乡融合发展，畅通城乡要素流动。”这是新时代处理工农、城乡关系的准则。

全面推进乡村振兴是实现全体人民共同富裕的必然选择。农业强不强、农民富不富，关乎着广大农民的获得感、安全感、幸福感，是我国全面建成小康社会的前提。乡村振兴，生活富裕是根本。全面推进乡村振兴，不断拓宽农民增收渠道，全面改善农村生产生活条件，促进社会公平正义，有利于增进农民福祉，让广大农民走上共同富裕的道路，汇聚起建设社会主义现代化强国的磅礴力量。

我国是农业大国，农业生产与购销活动的高质量发展是保障我国粮食安全、稳定民生的根基。当前，我国农村人口基数大、产能潜力足，提高农产品上行效率对解决我国“三农”问题、推动农业供给侧结构性改革有着重要意义；同时，我国农村地区广袤，人口多，具有广阔的消费市场及消费潜力，提升消费品下行效率对拉动我国消费品内需，促进国民经济内生动力增长有重大意义。电子商务的发展，不仅引发了销售方式的革新，也为全面推进乡村振兴提供了新的思路。一方面，农村地区发展电子商务能够带动不同产业的发展与融合，催生新的农业发展模式；另一方面，发展农村电子商务也是经济欠发达地区消除贫困、提高农民收入的有效途径。为此，农村电子商务的发展可以双向打通农产品上行及消费品下行通道，进而服务于农产品市场资源优化配置，改革农产品的产销模式，提升农户经营效益，从而促进农村的繁荣发展。

目前，我国信息化建设在持续稳步中推进，互联网基础设施不断完善。根据中国互联网络信息中心（CNNIC）发布的第 49 次《中国互联网络发展状况统计报告》显示，2021 年我国网民总体规模持续增长。城乡上网差距继续缩小。目前所有的行政村已经实现了“村村通宽带”，解决了偏远地区的通信问题。农村地区网民规模达到了 2.84 亿，互联网的普及率达到了 57.6%[1]。因此，互联网的普及为农村地区发展电子商务提供了坚实的物质基础。此外，根据中国互联网络信息中心相关报告，2022 年，全国农村网络零售额达 2.17 万亿元，同比增长 3.6%。全国农产品网络零售额 5313.8 亿元，同比增长 9.2%，增速比 2021 年提升 7.3 个百分点。农产品电子商务蓬勃发展，农产品网络零售增长显著，农村电子商务成为助力乡村振兴的重要手段。

近年来，党中央、国务院高度重视农村电子商务发展，关于农村电子商务的利好政策不断出台。2021 年中央一号文件提出，加快完善县乡村三级农村物流体系，改造提升农村寄递物流基础设施，深入推进电子商务进农村和农产品出村进城。2022 年中央一号文件提出，实施“数商兴农”工程，推进电子商务进农村；促进农副产品直播带货规范健康发展。2023 年中央一号文件提出，在顶层设计方面，《电子商务“十四五”发展规划》明确要将电子商务与第一、二、三产业加速融合，全面促进产业链供应链数字化改造，成为助力传统产业转型升级和乡村振兴的重要力量。商务部积极推动电子商务进农村综合示范项目建设，2021 年新增支持 206 个县（包括 26 个脱贫县）。累计建设县级电子商务公共服务中心和物流配送中心2400个，村级电子商务服务站点14.8万个，带动618万贫困农民增收。商务部实施“数商兴农”行动计划，聚焦“三农”，发展农村电子商务新基建，打造农产品网络品牌，培育直播新农人。农业农村部出台《关于加快农业全产业链培育发展的指导意见》，提出“加强农村电子商务主体培训培育”“实施‘互联网+’农产品出村进城工程”“发展直播带货、直供直销等新业态”等。

农村电子商务在我国虽然拥有着巨大潜力，也面临着来自基础设施滞后、高层次人才匮乏、物流困难、运营成本高、金融扶助政策缺乏精准性等方面的制约和影响，这也是导致农村电子商务发展困难的主要原因。本书针对农村电子商务在我国发展过程中面临的矛盾和制约因素进行深入分析，探究我国农村电子商务的发展潜力和创新模式。

重庆市是我国中西部地区唯一的直辖市，是一个以丘陵和山区为主的内陆型地区，重庆地区的农业农作物多样性以及物流供应链网络的发展是影响重庆农产品电子商务模式发展的重要因素。近几年，在全面推进乡村振兴的背景下重庆大力推进“内陆开放高地”和“山清水秀美丽之地”发展规划与基础建设。通过对农产品电子商务发展中数据统计及其模式研究发现，重庆的农产品电子商务模式是农业农产品的新型流通模式和新型消费模式，重庆农产品电子商务多模式的探索有利于提高农业农产品增效和提高农民的创收，但是在近几年的农产品电子商务发展中仍存在诸多的困难和问题。

重庆是一个集合了大城市范围、大农村包围、多山区地带、库区较多等一系列地域特征，并集多方面条件及气候特征于一体的综合型规模的直辖市。在实际的农业发展当中，与其他省市一样存在人均耕地面积少、水资源亏缺等问题；同时，随着耕地面积进一步的减少，农产品的生产成本不断增加，传统的农业发展面临着非常大的挑战。尤其在全面推进乡村振兴背景下，如何有效地借助互联网及物联网的结合，优化重庆农产品电子商务模式，改变农产品的产业结构，加速农产品产业消费升级，提升农业农产品从生产机械化、信息自动化、消费配比智能化、农产品电子商务规模化、农户集约化，是促进重庆农产品电子商务模式高效发展的当务之急。

本书以此为背景，就重庆市如何高效地发展农村电子商务展开分析，借助数字化农业发展，研究重庆市农村电子商务的发展方向，为全面推进乡村振兴与农业农村现代化建设开好局、起好步。

二、研究目的

电子商务是一种以技术革新为支撑的商业模式，通过互联网、移动互联网，使各行各业信息和物资交流更加密切。就农村来说，电子商务可以从根本上解决一些销售渠道、资源转换等方面存在的问题，帮助广大农村地区实现产业发展。

本书研究目的是：首先，厘清当前我国农村电子商务发展现状及面临的挑战；其次，从政策、发展模式、平台需求、物流发展等方面，借鉴国内外典型模式与案例地区的先进经验，找出影响我国农村电子商务发展的主要因素，并提出适合我国农村电子商务发展的创新模式；最后，针对目前重庆市农村电子商务面临的主要问题提出发展思路和对策建议。

三、研究意义

全面建成小康社会和社会主义现代化强国，最艰巨、最繁重的任务在农村，最广泛最深厚的基础在农村，最大的潜力和后劲也在农村。随着物联网技术的日益革新和深入普及，电子商务必将成为未来人类信息世界的核心，也是未来移动互联网络应用的发展方向，技术创新使其具有不可估量的增长前景，它将构筑起新时代全球经济贸易的底层基础。研究西部欠发达地区农村电子商务的发展问题，具有较强的现实意义。

1. 农村电子商务是新常态下农村经济发展的新模式

电子商务对物理形态的基础设施投资效益高，从而有别于其他实体经济。研究农村电子商务对统筹城乡协调发展，提高农村工业品下行和农产品上行效率，实现城乡市场一体化具有极其重要的意义。

2. 农村电子商务是助力乡村振兴的新引擎

全面推进乡村振兴，数字技术是重要抓手。近年来，电子商务逐渐成为农产品销售的重要渠道，农村电子商务成为推动农业升级、农村发展、农民增收，助力乡村振兴的新引擎。

3. 发展农村电子商务是解决城乡不均衡发展的新利器

从农村电子商务发展现状看，我国农村居民电子商务意识不强、电子商务基础设施不足、电子商务专业人才奇缺、物流发展出现瓶颈等矛盾在短时间内很难得到解决，随着老龄化社会加剧，研究农村电子商务发展、推进农村电子商务实践成为解决未来老龄化等社会问题的重要手段。

4. 发展农村电子商务是实现欠发达地区农业现代化的内在要求

目前，农村电子商务呈现专业化、国际化、融合化等趋势，农村电子商务是农业供给侧结构性改革的重要内容，是增加农民收入的重要途径，是提高农村居民生活质量的新手段，能够极大地提高农村居民获得感和幸福感。

四、文献综述

深入分析国外电子商务发展演进历程和发展趋势，对于我们更好地发展农村电子商务具有非常重要的借鉴意义。随着电子商务深入发展，因地制宜与充分连接、借势发展成为农村电子商务发展的重要经验。因此，分析国内外相关领域的研究是做好农村电子商务发展研究的基础。

（一）国外研究综述

国外关于农村电子商务的研究起步时间较早，始于20世纪70年代，目前国外对农村电子商务的研究已经取得了丰硕的成果。

1. 农村电子商务与农村产业融合方面

莱拉·埃斯马埃利（Leila Esmaeili）等（2020）研究农村公共交通体系中的电子商务应用，发现其有利于提升交通管理效率和用户的满意度。阿里·阿克巴尔·贾拉里（Ali Akbar Jalali）（2021）针对外国农村电子商务发展模式，信息技术能够为农村电子商务提供通信、IT、邮政和电子银行等服务。纳米尔·金（Namil Kim）（2022）研究了电子商务对社交媒体的影响，发现社交媒体影响力对电子商务平台销售额有较大影响，但个体差异（尤其是头部效应）

较为明显。

2. 农村电子商务发展问题方面

巴蒂亚·卡鲁里（Bhatia Kalluri）（2021）对印度农村电子商务的发展问题进行了梳理，认为电子商务成为驱动印度经济结构优化的重要因素，但农村地区仍然是发展瓶颈，表现在对消费习惯和购物方式的不适应，提出改善反馈系统对推进电子商务发展具有较大帮助。莫姆森（Mommens）等（2021）对比利时农村电子商务末端物流成本问题进行研究，认为农村末端物流是成本较大，但通过创新，可以带动当地就业。

3. 农村电子商务优化建议方面

罗德尼·卡尔（Rodney Carr）等（2021）以研究农村地区中小企业信息共享问题，发现电子商务能够促进农村中小企业信息交换，拓宽交易渠道，在这个过程中，网络技术人员的及时服务对其信息交换普及和交易增长具有显著作用。瓦库连科（Vakulenko）（2022）对改善农村电子商务环节进行了研究，认为可以通过改善消费体验，提高商务导航效率，促进农产品电子交易。赛盖齐（Seghezzi）等（2022）研究了两种企业对消费者（B2C）电子商务最后一公里配送选项，即包裹储物柜（PL）和传统送货上门（HD），并分析和比较了城市和农村两种不同的实施环境，提出了基于4C 模型的农村电子商务助推乡村振兴。

在国外，农村电子商务发展较好的地区都是建立在信息化基础之上的，相关研究主要从国家产业规划、电子商务发展市场环境、行业主体、配送体系和衍生应用等领域展开，对推进我国农村电子商务的发展具有一定的启示和借鉴作用。由于文化、发展阶段等不同，发展我国农村电子商务，尤其是以欠发达为主要特征的西部地区，对国外经验的借鉴更需要结合当地实际。

（二）国内研究综述

1. 农村电子商务产业融合方面

范利利（2019）分析了农村电子商务与农村产业融合发展的可行性与必要性，介绍了海门的实践探索情况、获得的经验及成就，从奠定融合基础、加快融合进程、深化融合程度、促进融合实现四个方面提出推进农村电子商务与农村产业融合发展的有效路径。徐丽艳、郑艳霞（2021）提出乡村振兴的持续推进，离不开农村各产业的协同发展。农村电子商务作为中间组织，既可以打破传统的生产及经营限制，将农业从生产拓展到加工和销售领域，实现农业产业的纵向融合，延伸农产品的价值链，提升产品的附加值；也可以推动农业与其他产业之间的横向融合，如休闲农业、创意农业、会展农业等，从单一的农产品生产或销售转向在线多元模式发展，促进第一、二、三产业的有机融合。朱新宇（2023）通过剖析内蒙古农村电子商务发展现状的基础上，运用灰色关联度理论测算内蒙古电子商务与第一、二、三产业之间以及与第二、三产业主要行业间的耦合关联程度，提出内蒙古农村电子商务发展还处于初级阶段，需要结合自身产品优势，融合农产品加工、乡村旅游等产业。

2. 农村电子商务发展经验方面

国雪莲、朱忠贵（2021）认为，在互联网的影响下，电子商务为中国农村市场筑牢了发展根基，农村电子商务改变了农村传统的农业生产与农产品营销方式，在推动农产品生产销售环节发挥了积极的作用，但目前仍存在推广有限、制度不完善、法律不健全、物流成本高等方面的不足，并提出了加强农村信息化服务建设、重视农村电子商务人才的培养、完善相关管理措施和法律法规、完善物流配送体系和提升农产品质量和标准化程度五条对策建议。吕慧珍（2023）通过考察湖北省枝江市农村电子商务的发展模式，认为其成功经验可复制、可推广，主要体现在制度、资金、平台、政策等有力支持，体系建构健全，发展活力强等方面。提出在未来发展过程中，枝江农村电子商务需要在市场引导主体转变、电子商务营销力提升、电子商务人才培育等方面进一步发力，推动乡村振兴和农村经济的高质量发展。

3. 农村电子商务创新模式方面

严敏、马卫东（2020）通过对苏北地区“淘宝村和淘宝镇”的调查结果，提出了增强信息整合、以科技作为引导、重视潜在收益、掌握消费者需求以及创建产品品牌五大农村电子商务模式创新的途径。贺群舟（2022）认为农村经济发展对社会经济发展有很大的影响，农村电子商务成功与否对农村经济发展、“三农”问题极其重要。作者梳理了我国成功的农村电子商务模式，如

“网红”和直播带货模式、“政府＋企业＋农户”模式、“政府＋创业青年”淘宝村模式和特色产品电子商务成功营销的四个模式。李梦宇等（2022）运用财务管理的知识对农村电子商务经济的发展在筹资渠道、健全体系以及实现转型创新三方面提出了合理建议和针对性措施，旨在进一步优化我国农村电子商务发展模式，结合财务管理的知识推动农村电子商务的发展，进一步提高农村经济水平。

4. 农村电子商务优化建议方面

王若溪、李晓（2022）总结曹县围绕政府嵌入农村电子商务发展，通过示范带动、社会自组织、公共性供给和文化赋能四方面机制推动当地农村电子商务高效发展的主要经验。作者指出，其农村电子商务发展存在政府治理不足制约电子商务产业规范化发展、产业结构趋同导致电子商务产业应对风险能力较弱、固有运营模式阻碍产品高端化、文化势能有限制约电子商务产业转型升级的问题，并从吸纳多元治理主体、深挖文化资源、打造数字乡村和服务型政府方面提出曹县政府推进农村电子商务发展的路径优化建议。张子仪、吕蕾莉（2022）认为农村电子商务物流配送体系落后是农村基础设施薄弱的表现，需要推进农村更高等级道路的建设，还需要培养多样化配送主体并根据需求设立分发网点，提出夯实物流基础设施建设，加快物流人才培养，构建三级配送网络以及推动农村电子商务冷链物流体系建设的四条物流优化建议。

（三）研究述评

对国内外学者在农村电子商务领域研究的分析后，本书关于未来农村电子商务的研究应该建立在以下基础之上。

1. 发展农村电子商务是大势所趋

基于经济转型升级需要，许多研究者论证了我国发展农村电子商务的迫切性，并从农村电子商务基础设施、专业人才和信息安全等角度进行了研究，提出了具有建设性的意见。受到技术变革等因素影响具有较大不确定性。

2. 农村电子商务具有较强的地域性

许多研究者选取某一地区为研究对象，通过案例分析方法，结合技术革新趋势和当地地方特点，找出发展当地农村电子商务的短板，创新发展模式并提出持续改进的对策建议。案例研究是比较常见的研究方法。

3. 农村电子商务发展的共性和个性研究都十分必要

除对农村电子商务发展的一些基础性问题进行大量研究论证外，许多学者也对农村电子商务衡量标准、建设路径进行了有效探讨。

综合目前的研究情况来看，相关文献为本书提供了相应的理论基础及思路，为本书提供了充实的研究资料，但是也为本书留下了补充研究的空间。不管是从研究的角度还是研究的深度方面，本书站在了前人的肩膀上，力求提出更全面、更深刻的指导性意见，并为农村电子商务创新模式的后续研究提供借鉴。

五、研究内容

本书共分为九章。

第一章是绪论，主要阐明了本书的研究背景、研究目的、研究意义、文献综述、研究内容、研究方法和创新之处。

第二章是相关概念的界定及理论基础，主要介绍电子商务、农村电子商务、农村电子商务模式、农产品电子商务、农产品电子商务模式五个概念的界定，并从交易成本理论、电子商务价值链理论、信息不对称理论、产业融合理论、长尾理论、区域经济发展辐射理论以及农户行为理论七个方面，探讨了全面推进乡村振兴背景下农村发展电子商务的思路与对策的理论基础。

第三章是中国农村电子商务发展的六个阶段，主要从农民的触网、农民身份的转变、农民思想上的飞跃、对初级农产品进行加工、用户体验销售和实施“数商兴农”工程等方面介绍农村电子商务发展的六个阶段。

第四章是农村电子商务的典型模式与案例，包括了沙集模式、遂昌模式、盂津模式、曹县经验、宿城样板，以及这些典型模式与案例对发展我国农村电子商务的启示。

第五章是我国农村电子商务发展现状及展望，对我国电子商务发展的现状、发展环境与特点、发展趋势展望进行了详细阐述，并指出其未来发展趋势展望。

第六章是影响我国农村电子商务发展的要素分析，从我国农村电子商务及其发展演进模型和我国农村电子商务发展要素分析两个方面进行论述。

第七章是农村电子商务创新模式分析，指出电子商务在我国农村经济发展中的突出作用，对当前我国农村电子商务创新模式进行全面分析。

第八章是重庆发展农村电子商务的典型案例分析及启示，从北美、欧洲到亚洲的电子商务发展现状到重庆开州、彭水、城口、巫溪、南川等地的案例分析，提出重庆发展农村电子商务的启示和建议。

第九章是重庆农村电子商务的发展思路与对策，对重庆发展农业的环境优势进行深度解剖，针对重庆目前农村电子商务的发展现状，通过实地调研，收集问卷，了解重庆农村农户对重庆电子商务的了解和使用情况，发现问题，并提出未来的发展思路与对策。

六、研究方法

本书以电子商务相关理论为指导，以国家和重庆相关电子商务产业政策为依据，实证分析电子商务对重庆经济的影响程度，并深度剖析重庆农村电子商务发展存在的问题和成因，在探寻国内外电子商务产业发展的现状及对我国的启示基础上，提出发展重庆农村电子商务的对策与措施。主要研究方法如下。

1. 文献分析法

项目的重点研究方法之一就是对文献的研究。无论是电子商务还是农村电子商务发展模式，都已经或多或少被研究过，也做了相应的归纳和总结，因此，认真研究文献，在提升自己理论知识的同时，也为研究内容提供了充足的理论基础和立论依据。以前人的研究成果为基础，分析国内外学者对电子商务，特别是我国农村地区电子商务问题的研究文献，可以把握该领域的研究重点、难点及前沿，为农村地区的电子商务发展提供政策依据。

2. 对比分析法

简要归纳整理国内其他地区有关发展电子商务的政策、体制机制、具体措施举措等经验和模式，找出可以复制或者参考的经验，再结合重庆市的实际情况进行有效创新。

3. 归纳演绎法

通过对大量国内外参考文献的收集与整理，归纳总结出相应的理论基础，对重庆农村电子商务做出理性分析与思考，探寻促进重庆农村电子商务的思路与对策措施。

4. 实地调研法

通过走访座谈、实地调研等方法向农村电子商务从业人员、广大农村农户及政府有关部门了解相关情况，通过问卷收集农村农户对重庆市发展农村电子商务的现状调查，从而提出相应的对策建议。

七、创新之处

1. 通过对农村电子商务的典型代表的内涵和特点进行综合对比分析，并在此基础上得出对我国发展农村电子商务的七点有益启示。

2. 通过调查发现我国农业龙头企业、农业协会以及农村合作社所搭建起来的 B2C 模式并不适合于农产品流通的实际，提出了适合我国农村农产品销售的 B2B 的三种创新模式。

3. 全面对比分析了北美、欧洲、亚洲和我国的电子商务现状，提出对重庆市发展农村电子商务的启示和建议。

4. 通过实地调查系统分析重庆发展农业的环境优势，指出重庆及各区县农村电子商务发展现状，深度剖析存在的问题，并提出发展重庆农村电子商务的思路和对策措施。

第二章

相关概念的界定及理论基础

一、相关概念的界定

（一）电子商务

电子商务是指以信息网络技术为手段，以商品交换为中心的商务活动，是传统商业活动各环节的电子化、网络化、信息化，以互联网为媒介的商业行为均属于电子商务的范畴。电子商务通常是在全球各地广泛的商业贸易活动中，在网络环境下，基于客户端/服务端应用方式，买卖双方不谋面地进行各种商贸活动，实现消费者的网上购物、商户之间的网上交易和在线电子支付以及各种商务活动、交易活动、金融活动和相关综合服务活动的一种新型的商业运营模式。电子商务的显著特征是利用互联网技术来传输和处理商业信息，利用物流渠道完成实物的交割。其主要表现形式有网上宣传、订货、付款、配套服务和商品的交付等集售前、售后于一体的一整套完整的商品交易流程，利用“信息流、资金流、物流”三流合一的紧密衔接，从而以较低的成本实现产品在全国甚至跨国销售。

国外有关于电子商务的相关研究主要集中在电子商务的服务模式、影响因素这两方面，主要代表学者有迈克尔·拉帕（Michael Rappa）、奥卡·卡尔塔维亚努萨（Okky Kartavianusa）等，前者将电子商务服务模式进行混合分类，主要包括商品广告、销售、服务等九种类型；后者则专门针对电子商务影响因素，特别提出了以信用为主的集质量、便利、安全、利润于一体的四个影响方向。

国内学术界对于电子商务的研究除了着重于电子商务的定义和电子商务的分类外，其他学者们针对电子商务的研究重点还可分为以下三类：一是针对电子商务影响的研究。王若琳（2023）提出在数字化背景下电子商务对国际经济贸易的积极和消极影响；王阳阳、王倩倩（2023）提出电子商务能够显著提升农产品流通效率，能够通过加强流通基础设施建设和提高农村信息化服务水平两种中介路径来提升农产品流通效率，应加大农村电子商务建设力度，完善流通基础设施，提高农村信息化服务水平，进而推动农产品流通效率提升；李征（2015）则着重于通过构建电子商务影响力指标体系，以期针对城市电子商务影响力来进行相应研究。二是针对电子商务平台的研究。周莹（2022）重点分析了广西中小企业发展跨境电子商务平台的运营困境，就如何优化和完善广西中小企业发展跨境电子商务平台有效运营提出优化对策；邵鹏、胡平（2016）在案例研究的基础上，梳理电子商务平台演变过程，针对电子商务平台商业模式的创新进行相应研究；翁文娟（2016）则以电子商务平台为基础，选取重庆市为主要对象，深度剖析重庆市农产品营销模式现状及不足等，并提出相应对策建议。三是针对电子商务模式创新的研究。李玉梅（2022）针对河南省农产品电子商务发展概况分析，并通过对国内外农产品电子商务模式分析与比较，总结各种电子商务模式的适用条件及优缺点；沈军彩、夏佩泽（2021）在分析洛川苹果产业发展现状和电子商务模式的基础上，提出针对性的创新优化策略，以期推动洛川苹果电子商务行业的高质量、快速发展，同时为西北地区生鲜农产品的电子商务模式创新提供借鉴；刘志超、陈勇等（2014）从大数据视角农村电子商务出发，选取电子商务服务模式为研究对象，构建相应三维分析模型，以此将电子商务服务模式重新划分，并得出三种新类型的电子商务服务模式；张娜娜、谢伟（2014）则以合法化机制为主要出发点，辅佐淘宝网这一典型案例，从主要环境及主要方式这两个方向对电子商务模式创新合法化进行深度研究。

（二）农村电子商务

农村电子商务的主要职能是为农产品销售、购买和电子支付及其他附属需求提供服务。基于我国农村和城市发展不均衡的二元经济结构，受农村地域经济发展水平、农民受教育程度以及农产品的特殊性等因素影响，电子商务在农村的发展相较于城市存在一定滞后性。但随着电子商务与信息技术的进一步发展，农村电子商务对涉农主体的影响也随之扩大，农村电子商务成为了利用现代网络信息技术为涉农主体提供多方位服务的重要平台。

农民也可通过专门的电子商务网络平台，运用相应的科学信息技术，完成对农产品的销售或者传递等。不同于其他电子商务模式，农村电子商务具有一大突出特点——包容性。农村电子商务的主要针对人群为农民或者农村企业等，主要涉及农民或农村企业的再就业或者创新创业过程，这说明农村电子商务具有包容性的特征。

农村电子商务的运作载体是掌握现代网络信息技术的群体，包括各类网商平台以及为涉农主体提供服务的网站；农村电子商务的参与主体是有产品交易需求的农户和销售商；农村电子商务的服务工具是现代网络信息技术与相关基础设施，随着信息技术的飞速发展，现代网络信息技术的主要表现形态已经由之前的传统互联网发展到移动互联网，为农村电子商务运作提供了更多的灵活性及创新模式。农村电子商务的作用是农户利用互联网等电子工具，提高农村生产、库存、流通和资金等各个环节的效率；其他参与主体通过农村电子商务向农户销售产品和服务，帮助农户便利地开展生产活动和购买消费品。在这里，农村电子商务发展成为了一个“卖货”和“购货”的平台，显然，这仍不能全面地界定农村电子商务。农村电子商务是指通过网络平台嫁接各种服务于农村的资源，拓展农村信息服务业务、服务领域，使之兼而成为遍布县、镇、村的“三农”信息服务站。因此，农村电子商务还具备了信息服务站的功能，即是为农村的生产、销售、消费提供信息服务的重要平台。农村电子商务在社会生产活动中扮演的不仅是经销商或终端零售门户的角色，还能在农户的生产、销售及消费活动中需要信息服务和实物供给时提供解决方案。

农村电子商务作为农户与外界的信息服务站及交易平台，其产购销活动的对接需要经过信息服务者进行中转，主要是各类产品和服务需要通过信息服务站传递给各参与主体。现阶段，由于部分农民群体对电子商务的认知不足以及互联网应用水平有限，使得农村电子商务的发展空间受限，农村电子商务要充分发挥其功能还需要一段时间的发展。

基于此，本书认为，农村电子商务既不是地域概念下注册在农村的电子商务，也不仅是农户的卖货平台或纯粹的农业生产信息服务站，而是涵盖农业、农村、农民在内的大电子商务概念，即融合了“三农”概念的电子商务。其实质运作内容可分为两部分，一是农产品上行部分，即农民作为农产品供应方将产品通过电子商务销售至消费者手中；二是消费品下行，即农民作为消费者，厂商直接通过电子商务平台将产品或服务销售至农民手中。

国外学者针对农村电子商务的研究主要集中在农业及农产品电子商务的发展形势与模式上。例如，普尔（Poole）（2001）认为，发展农村电子商务，一方面可以促进信息流通、协调产业发展，另一方面可以提高市场透明度和价格发现能力。文（Wen）（2007）基于知识经济，构设了一个农产品智能电子销售系统，提出了一个全新的发展农产品电子商务的模式，即基于知识管理的农产品电子商务。班克·兰德（Banker RD）等（2010）详细分析了印度咖啡在线拍卖这一典型案例，提出了建立农业供应链采购模型的建议。诺伯特（Norbert）（2008）等研究了一个基于互联网的咖啡信息系统在咖啡生产与销售中的应用，并认为这将是咖啡差异增值的关键因素之一。鲁伊斯·加西亚（Ruiz Garcia）（2010）等详细分析了农产品运输过程中的跟踪与查询问题，提出建立一个基于互联网的集数据处理、储存和传输为一体的管理系统，这一系统将大大提升农产品物流的查询与跟踪速度。

国内学者针对农村电子商务的研究主要包括两个方面：一是以“互联网+”为背景，对农村电子商务的发展进行相应研究。韦珏（2016）首先介绍了电子商务的定义和电子商务的发展对农村经济的带动作用，其次以广西农村电子商务发展为例，指出当前农村电子商务的发展现状及存在的主要问题，最后就“互联网+”下如何构建农村电子商务发展模式提出了相关建议。陈实（2016）对现有农村电子商务的发展进行归纳和总结，对其中存在的问题，提供更好的指导方案。

（三）农村电子商务模式

农村电子商务模式主要包括 B2B、B2C、C2C 等。随着新业态出现，B2Q

模式和 BOB 模式也不断成熟，如表 2－1 所示。

表 2－1　农村电子商务模式创新介绍

模式	主要内容	模式	主要内容
B2B	农产品供应商对农产品网站	B2C	农产品网站对消费者
B2B2C	农产品供应链模式	B2M	农产品企业根据客户需求量建设网站
ABC	代理商—商家—消费者	C2F	网络订单农业
C2B	集合竞价订购模式（订单）	BMC	企业＋中介平台＋终端客户
B2F/F2C	种植户（农民）对消费者	CSA	社区支持农业
B2S	农产品企业体验式、分享式	跨境	海批、海淘、海代
BOB	采购方—运营商—供应方	B2Q	企业网购引入质量控制

B2B（Business to Business）模式，是企业通过网络确定最佳合作伙伴，实现订单到结算的交易流程。在这个过程中，可以通过降低生产成本，提高生产效率，创造更多商业机会。B2B 模式最典型的代表为阿里巴巴。从当前看，B2B 模式仍然是主流，其交易金额占整个市场份额最大。

B2C（Business to Customer）模式，是制造企业与最终消费者之间借助网络的商务模式。企业借助商品或服务充足的资讯吸引消费者，因为能够降低购买成本而使消费者具有较高黏性。比如网络购物和证券交易。随着社会大众的认可，这种模式又衍生出着眼顾客需求的虚拟社群、交易聚合、广告网络以及线上线下融合（O2O）等。

C2C（Customer to Customer）模式，是指两个消费者之间的商务模式，其核心是在买卖双方都信任的在线交易平台，买卖双方可以通过竞价来达成交易，C2C 模式在国内最典型的代表就是淘宝，在国外的典型代表就是 e－Bay。C2C 模式属于互动交易，满足了多样化的市场需求，不仅可以通过竞标热卖形式为那些供不应求的物品确定最佳市场价格，而且可以实现交易过程中商品或服务之间的交换。

BOB 模式，是指采购方（Business）与供应方（Business）借助运营商（Operator）的中介作用，完成产品或服务交易的电子商务模式，突出特点是可以为有一定实力的中小企业打造品牌，促进生产和经营的升级转型。

B2Q 模式，是指根据买方的需求，在交易过程中引入取得交易双方信任的第三方对商品或服务的品质进行检验或提供售后服务。

（四）农产品电子商务

在农业的生产及活动中获得的初级产品即称为农产品，例如，日常消费品中的瓜果蔬菜、蛋禽肉类、奶制品及鲜花植被等均属于农产品。在我国第一产业阶梯，农产品属于发挥基础作用的重要组成部分。而农产品电子商务作为新型售卖交易方式，也逐渐走入老百姓的日常生活当中。

农产品电子商务是以完善的商务规则为基本前提，运用互联网信息技术连通农产品的商务贸易活动，将农产品的供需双方交易依靠互联网完成交易。通俗地说，以农产品为交易的互联网综合性交易统称为农产品电子商务，农产品电子商务模式可以根据不同的交易类型及营销模式具体细分。

农产品电子商务是电子商务总形式的一条分支，是农产品借助电子商务平台形成的新型商品类型交易的模式。在农村借助完善的电子商务平台，运用互联网技术开展农产品的生产、宣传、销售及服务，并通过线上销售网络、第三方支付平台、物流供应链系统以及电子商务售后服务平台等一系列内容形成农产品的电子商务交易新模式，统称为农产品电子商务。

（五）农产品电子商务模式

农产品电子商务模式是指在农产品市场流通中所采用的主要电子商务业务模式。在我国农产品的电子商务活动中，出现了许多反映农产品生产和贸易特点的不同的电子商务模式。

电子商务是一个运用各种网络机制的一种运作方式，在电子商务模式中会运用到信息技术、产品体系、支付系统和服务系统及相关利益网络的综合运转机制。农产品电子商务模式需要通过传统电子商务模式进行产品信息、农产品供应链体系、金融支付系统及售后服务来进行农产品电子商务的交互流通与其价值的传递。在我国农产品电子商务销售模式主要分为 B2C 企业商家对消费者模式（电子商务平台型、综合型电子商务平台和垂直型电子商务平台）、O2O 线上线下协同模式以及 C2C 消费者对消费者模式。

1. C2C 电子商务模式

C2C（Consumer to Consumer）即个人与个人之间的交易模式。交易的双方均需通过电子商务平台进行商品的出售及购买。通过这种模式可让农产品主直接面向消费者，省去农产品流通中的很多中间环节，大大降低了农产品在流通过程中的损耗。对于消费者来说，能更便捷地购买到自己所需要的农产品，并通过平台与同类商品价格对比，从而挑选到更符合自己需求的农产品。

C2C 农产品电子商务模式不仅搭建了农户与日常消费者直接的桥梁，农户也可通过社交平台，如抖音、快手和微信等社交账号宣传推广农产品。农户可将农产品的宣传信息拍成短视频，发布在抖音、快手等平台，不仅拓宽了农产品的宣传推广渠道，还通过社交媒体的传播加速了宣传效应。通过这种网络“面对面”的方式，向消费者展示农产品的生产、包装及销售等过程，有力地解决了农产品销售过程中渠道不通的问题。通过直接面对消费者的这一方式，可让农户直接了解市场需求，从而更有针对性地进行农产品品类的生产规划与生产安排，并且通过这种个人对个人的电子商务模式，可让农产品主建立稳定且可靠的消费群体，可通过社交媒体合理地打造属于自己农产品的消费圈层，大大提升农产品电子商务消费频次，提升农户生产的积极性，保障了农村各生产环节的劳动力资源使用率，为农民拓展量产量收的创收目标。

2. O2O 电子商务模式

O2O（Online to Offline）是线上完成购买支付而在线下获取商品或实现消费体验的模式。商品在线进行展示和推广，消费者可以在线上完成购买和支付，商家收到订单信息后，通过线下配送的方式将购买的产品直接送到消费者手中。这一类电子商务模式在近年来移动互联网的发展中，逐渐受到年轻消费群体的青睐，尤为具有代表性的则是点餐平台中的“美团”及“饿了么”。在智能手机的快速迭代与更新中，O2O 电子商务模式也不断地发展与革新，通过移动互联网的飞速发展，让消费者大大增加了这种电子商务模式的使用场景与使用频次，很大程度上促进了现代人民生活方式的便捷。

在农产品的领域，商家借助一些 O2O 电子商务模式服务平台来进行农产品电子商务的业务操作。例如，很多果蔬门店通过点餐平台“美团”及“饿了么”开设外卖商铺，通过平台向消费者展示线上门店与店内产品，消费者足不出户就可购买其门店的果蔬产品，商家即可通过外卖平台完成订单的配送环节。在 O2O 大量兴起的阶段，商家及电子商务平台也会通过很多的营销手段及优惠活动来为平台吸引更多的消费者流量，并通过降低利润空间来配合引流活动。当然，农产品的销售价格与销售量之间存在博弈关系，对于农产品来说，解决其仓储和配送才是农产品电子商务模式中重点需要应对的问题。农产品因其特有的产品属性导致其保鲜期和仓储的脆弱性，再加之农产品的利润空间有限，同时又要满足日常消费频次，如何在O2O电子商务模式中提升农产品市场占有率是农户需要面对的问题，一方面，买方能够较为精准地在平台检索到最合适自己的产品，另一方面卖方能够拓宽自身的销售、宣传渠道，更大程度呈现产品的多样性与可选择性。例如，盒马鲜生、永辉生活、滴滴打车等层出不穷的电子商务平台，在增加收益的同时，也为顾客提供了便捷、高效的购物体验。

3. 农产品直播电子商务模式

直播模式主要可以根据产品特性、商家属性、买家特征划分为电子商务直播模式、短视频直播模式和直播电子商务模式。农产品直播电子商务模式主要采用的是打造主播团队，通过直播平台运营直播间，在直播间里周期性、有规律且实时地对产品进行卖点的宣讲和分析，垂直地打通消费者与产品之间的距离，更有效率地触及消费者的热点，解答消费者们的疑问。随着中国的线上消费人群比例不断增加，主播们从消费者需求出发，展示各种产品的种类与特性，将直播电子商务模式与C2B模式更加有效地融合。

2020年由于受到新冠疫情的影响，一些地区的特色农产品在销售市场中受到前所未有的重创，各地库存积压很大。而直播电子商务模式则通过解决农产品销售渠道难题而成为新的农产品电子商务模式。现如今利用互联网科技实现科技助农、科技惠农等一系列政策让广大农户尝到了甜头，通过直播也带动起农村的年轻人，将智能手机演变为新的农具，让年青一代变为“新农民”，不仅解决了农产品线下销售渠道难的问题，还为全面推进乡村振兴提供了绵延不断的新动力。

根据中国互联网信息中心数据统计，截至2020年10月，我国通过网络进行直播的用户规模已经达到6.3亿人，直播用户占整体网民比例的64%，由此数据可分析得出，农产品直播电子商务模式具有非常大的潜力与价值。但就目前就业市场来看，直播行业的人才统计仅有400万左右，如何建立直播人才的标准化、人才的职业化势必将成为影响农产品直播电子商务模式发展的主要问题。

4. 社区团购农产品新模式

C2B（Consumer to Business）模式彻底打破了传统B2C模式的时间与空间限制，区别于B2C模式的以农产品企业为中心和以消费者为个体的原则，团购电子商务模式则是以消费者为中心，消费者成为团购电子商务模式的驱动力，而农产品企业则去中心化，由消费者群体掌握农产品需求市场的方向和话语权，体现了当今消费电子商务模式的更迭。同时，在全面推进乡村振兴背景下，这种新型的团购电子商务模式可以重点解决农产品结构发展和农产品现代化水平发展。团购电子商务模式能够集合同品类农产品的需求，并在这种需求的驱动力下，统筹管理同品类农产品，实现农产品以销定产、降低最大库存，首先进行农产品的销售登记，然后再进行农产品的供应链运作，或者供应链已经提前准备就绪。

经过几年的发展，消费者对厂商团购的电子商务模式逐渐趋于成熟，在一些大牌互联网品牌的带动下，孕育而生出一系列以社区团购为交易模式的新型农产品电子商务模式平台。例如，美团旗下的美团优选、拼多多旗下的多多买菜以及滴滴集团旗下的橙心优选，都是在此环境下而形成的社区团购型农产品交易平台，将社区的菜篮子搬到了线上，通过集合供应链前端的产品供给，将更实惠的价格带到消费者面前。

基于近几年互联网及电子商务的迅猛发展，农产品电子商务的发展模式也开始出现多元化特点，由传统的农产品电子商务模式逐渐演变为多种模式运行，出现了如以农产品农户或农村信用合作社为基础，以大型电子商务平台为核心，利用相关政府电子商务平台作为指导进行运作。在我国相关政策的不断支持下，已逐渐形成了具有特色的农产品电子商务体系，农产品电子商务的模式随着科技的发展与政策的扶持不断深入强化，结合时下创新型电子商务模式成为农产品电子商务发展的重点。

在当今电子商务的发展中，我国农产品的电子商务平台由一开始的初级农产品的销售服务逐渐拓展到农产品期货交易与大型批发采购的业务上来。以农产品电子商务业务类型来划分，可以分为以农产品信息交互为主的中介类信息电子商务平台以及可实现交易与支付的电子商务服务平台。前者类型的平台主要功能是为农产品行业的大型企业或农村合作社提供合作服务及信息支持，而后者类型的平台更多的是架起了消费者与农产品主之间的桥梁，在日常的生活中通过电子商务平台完成日常农产品的消费。

二、理论基础

（一）交易成本理论

从 19 世纪 30 年代起，经济学、组织理论和法理学理论的学者从不同角度对交易成本进行了研究。相对而言，经济学领域的研究成果较为丰富。

在美国学者康芒斯最早提出“交易”概念，并将交易与制度运作关联起来之后，真正对交易这一制度的基本单位进行经济分析的是以科斯为首的新制度经济学运动。其中，较有代表性的概念有以下三种。

1. 科斯的交易成本概念

罗纳德·科斯（1937）曾在《企业的性质》一文中首次指出，市场运行是有成本的，企业的规模也不是越大越好。之后，他又在《对市场交易成本的考察》这一经典论文中提出，交易成本包括寻求交易伙伴的成本、契约谈判的成本和监督与执行合约的成本。

同时，他在《社会成本问题》论文中进一步阐述了同样的问题，并更现实地解释了企业为何取代市场以实现资源的配置和最优的企业规模应该为多大这两个问题，最后表明，交易活动是可计量与可比较的，可以纳入经济学分析的范围。

2. 威廉姆森的交易成本概念

奥利弗·威廉姆森（1960）进一步发展了科斯的理论成果，他引入了合同方法，并将此作为分析交易最基本的方法，认为人们之间所发生的交易关系总是会在合同关系中进行，在交易中的实际人都是契约人，并体现出有限性与机会主义的行为特征，这是不同于经济人的理性行为。确定了分析方法和前提后，威廉姆森定义了交易影响交易成本水平的三个性质：资产专用性、不确定性和频率①。

3. 诺斯和张五常的交易成本概念

诺斯与我国学者张五常（1986）都认为威廉姆森的交易成本概念不完全，不能解决某一方面的问题，如解决除比较静态以外的问题等。目前，广义上的交易成本概念是学者张五常给出的。在最广泛的意义上，交易成本包括所有那些不可能存在于没有产权、没有交易、没有任何一种经济组织的鲁滨孙经济中，简而言之，包括一切不直接发生在物质生产过程的成本，具体包括寻价成本、识别产品部件的信息成本、考核成本和贡献测试成本②。

交易成本是指在一定的社会关系中，人们自愿交往、彼此合作达成交易所需支付的成本，即人与人之间的交易活动所附属的成本支出。

它与一般的生产成本，即人与自然间形成的成本是对应概念，生产成本在前，交易成本在后，它们共同组成了人类产销活动中的经营总成本。交易成本是人类社会生活中不可缺少的组成部分。交易成本理论最初由诺贝尔经济学奖得主科斯（Coase，R. H，1937）所提出，交易成本理论的根本论点在于对企业的本质加以解释。

在现代交易成本理论框架下，交易成本可分为以下六个部分：（1）搜寻成本，即商品在寻找交易对象时进行信息搜集所产生的成本；（2）信息成本，即在获取了交易对象信息后，销售方与交易对象进行信息交换所需支付的成本；（3）议价成本，即购销双方针对合约、产品价格和品质问题等进行讨价还价的成本；（4）决策成本，即购销双方进行相关合约签订或制定时所花费的成本；（5）监督成本，即交易双方用于监督对手是否依照合约内容进行交易所耗费的成本；（6）违约成本，即交易双方中的一方对契约违约时所需支付的违约金等。交易成本的产生具有其固有性，由于信息不对称问题不可能得到彻底解决、交易参与者的理性有限、投机主义在交易活动中的无法杜绝等都

---

① 王洪涛．威廉姆森交易费用理论述评［J］．经济经纬，2004（04）：11－14.

② 朱永健．基于交易成本理论的农产品电子商务应用研究［D］．上海：同济大学，2006.

导致了上述交易成本的产生。在农村地区，由于信息不对称问题的凸显，当地居民的交易成本更为突出。

从规模经济的角度看，交易成本的减少动机是企业产生的内在原因。保罗·A. 萨缪尔森认为，企业组织生产的关键因素在于大规模生产的经济学。科斯在他著名论文《企业的性质》一文中指出，企业实际是市场价格机制的替代物，市场中每进行一笔交易都需要花费一定的交易成本，包括信息成本、谈判和签约的成本、合同风险成本等，但是当交易主体将各种生产要素都组织起来进行生产时，就可以达到减少交易次数、交易数目和交易摩擦等交易成本，这种交易主体的组织活动就形成了企业，企业的形成使得交易内部化，也只有当企业的内部管理费用小于市场交易成本时，企业规模扩张才会停止。企业的生产能够降低交易成本，从而实现规模经济。这种规模经济变化规律存在以下三种情形：一是当企业内部的管理费用小于市场交易成本时，规模报酬递增；二是当企业内部的管理费用等于市场交易成本时，规模报酬不变；三是当企业内部的管理费用大于市场交易成本时，规模报酬递减。在农村产品交易市场中，交易主体将各种要素组织起来减少交易成本较为困难，由于管理水平和资金实力有限，农户个体建立企业存在较大困难。农村电子商务的出现则较好的替代了农企的缺位，农村电子商务通过互联网将信息进行整合，为交易主体提供信息搜寻便利甚至提供信用保障，大大减少了农户的交易成本。

具体而言，农村电子商务组织中以淘宝、京东、苏宁、拼多多等为代表的平台，为农户提供了更为公正的交易渠道，减少了农户的信息搜寻成本及决策成本。同时，基于平台交易所建立的第三方支付系统也为农户在产品交易过程中的监督成本给予了一定缩减。对于农村电子商务而言，对资源的充分组织和利用，会提高其发展效率而产生规模经济，然而在规模经济变化的规律下，各类交易成本的分摊额得到降低，对农户产销活动开展的积极性起到提升作用，同时也减少了农户由于信息不对称原因而面临的市场风险，对农户收益的保障与提升有较大促进作用。

（二）电子商务价值链理论

迈克尔·波特于 1985 年在《竞争优势》一书中首先提出了价值链的概念，

认为每一个企业都是在设计、生产、营销、发送和辅助其产品的过程中的各种分离活动的集合体，所有这些活动可以用一个价值链来表明。① 这个概念一般被认为是指传统意义上的价值链，强调从某个企业的角度来分析企业的价值链。但波特同时也认为，企业价值链并不是孤立存在的，它存在于由供应商价值链、企业价值链、渠道价值链、买方价值链共同构成的价值链系统中。在社会化分工不断深入的过程中，产品的价值往往需要多个企业共同完成，即处于产业链上下游的企业将共同完成价值创造活动。那么，围绕服务于某种特定需求或进行特定产品生产及提供特定服务所涉及的一系列互为基础、相互依存的上下游链条关系就称为产业价值链。② 产业价值链与价值链联系紧密，但是不管价值链的形式如何发生变化，其本质是不变的，即由一系列能够满足顾客需求的价值创造活动组成。同时，价值链分析方法已经在实际中得到广泛应用，并且形成了相关的价值链管理思想。

哈佛的杰佛里·F. 雷鲍特等学者深化了传统价值链理论的认识，他们强调物质资源构成的交易市场之外的信息市场，认为信息流不仅具有价值增值的辅助作用，自身也能够创造价值。

以移动互联网为支撑的电子商务大大提升了企业在原有产业链条中的协同能力，实现了四流（物流、信息流、资金流和商流）融合，使新技术、新业态和新方式不断涌现，从而使电子商务呈现高科技含量、高附加值和高人力资本的特征。

（三）信息不对称理论

信息不对称现象早在 20 世纪 70 年代便受到三位美国经济学家乔治·阿克罗夫、迈克尔·斯彭斯和约瑟夫·斯蒂格利茨的关注和研究，信息不对称理论的提出为市场经济运转效率的提升问题提供了一个新的解决视角。在人类生产活动中，信息不对称现象无处不在，当前最为流行的对信息不对称理论的阐述为：信息不对称是指在市场经济活动中，各市场参与主体对相关信息的了解是

---

① 波特．竞争优势［M］北京：华夏出版社，2005.

② 陈楚．基于价值链理论的创意产业盈利模式探析［J］．科技进步与对策，2007，24：68－71.

有差异的，掌握信息更加全面的主体人员通常处于比较有利的交涉地位，而信息相对匮乏的主体人员则处于不利地位。该理论认为，在交易市场中，由于卖方比买方更了解销售商品的信息和真实情况，掌握更全面信息的一方可以通过向信息匮乏的一方传递可靠信息而在市场中获益，买卖双方中拥有信息较少的一方会努力从另一方获取信息。

信息不对称现象的存在，使得交易中总有一方会因为获取信息的不完整而对交易缺乏信心，对于商品交易来说，这个成本是昂贵的，但仍然可以找到解决的方法。该理论还指出，市场信号显示在一定程度上可以弥补信息不对称的问题。

信息不对称理论为人们的经济活动提供了许多重要启示。譬如，信息不对称问题的存在促使人们加快对新经济特点的认知，即高度重视信息对未来经济社会可持续发展的重要影响。当前，人类社会已经进入了信息化时代。在这一时代背景下，不确定性、高利润与高风险充斥在人们的生产经营活动中，风险在各类活动中的蔓延及连锁效应的增大，时刻提醒着人们的风险管理意识必须得以加强。在充斥着信息不对称现象的全球化大市场中，避免遭遇风险的关键是市场参与主体应如何掌握更为充分的信息、把握住研产能力发展的规律和趋势、明晰经济、技术和社会矛盾的发展动向。在信息时代，规模与资本不再成为一个企业能否守住产业基础、提高商业利润的决定性砝码，对信息获取的速度以及对信息内容提炼分析的准确度成了新经济时代企业存续和发展的关键。

农村电子商务就是为了缓解农村居民信息不对称问题而产生的。在传统的线下产销模式或农产品电子商务中，农户由于受教育水平较低、信息获取渠道匮乏等原因，无法正确识别所购商品价格是否合理、质量是否合格，缺乏对外界消费市场产品的对比渠道。因此，农村居民通常只能作为倾销产品的接收者，大量劣质仿冒产品充斥着农村市场，导致传统的消费品下行渠道成了无良商家的生存之道，给市场经济的高质量发展带来了阻碍。同时，缺乏信息获取平台的农户在销售自产农产品的过程中，交易对手往往局限于长期合作的合作社组织或个人。同样，由于缺乏对外界消费市场产品价格对比渠道，农户只能成为批发农产品的价格接受者，中间商获取的大部分利润间接导致了农户面临增产不增收等问题，不利于我国农业供给侧结构性改革的推进。基于此，农村电子商务在承接消费品下行及农产品上行渠道，不仅为农户提供便利的产购销平台，还通过各类商品的价格展示和评价展示向农户提供了大量的商品信息，让农户在产品销售环节成为价格的提供者，增加了农户生产收益。同时，农户在购物环节所得到的平台信息也为农户采购消费品提供了更加公正、全面的抉择渠道，让消费品下行道路更为市场化，扼制了劣质产品的倾销途径。

（四）产业融合理论

产业融合是指在时间上先后产生、结构上处于不同层次的农业、工业、服务业、信息业等在同一个产业链、产业网中相互渗透、融合发展的产业形态与经济增长方式，是用无形渗透有形、高端统御低端、先进提升落后等方式使低端产业成为高端产业的组成部分，从而实现产业升级的经营模式。具体而言，产业融合以知识产业为主导、农业为基础、工业为中介、服务业为核心、信息业为配套，通过资源优化配置实现资源优化再生、推动产业升级的系统工程。就农业领域而言，产业融合是城乡融合的本质，更是城乡融合的纽带与催化剂。从信息通信业角度看，产业融合是在技术融合、数字融合基础上所产生的产业边界模糊化；从原因与过程看，产业融合是逐步从技术的融合到产品和业务的融合，再到市场的融合，最后达到产业融合的实现过程；从产品服务和产业组织结构看，产业融合伴随着产品功能的改变，提供该产品的机构或公司组织之间的边界开始模糊；从产业创新和产业发展看，产业融合是指不同产业或同一产业在不同行业的技术与制度创新的基础上相互渗透、相互交叉，最终融为一体，逐步形成新兴产业形态的动态发展过程。

产业融合有助于促进传统产业创新，进而推进产业结构优化与产业发展。由于产业融合容易发生在高技术产业与其他产业之间，产业融合过程中产生的新技术、新产品、新服务在客观上提高了消费者的需求层次，取代了某些传统的技术、产品或服务，造成这些产业市场需求逐渐萎缩，在整个产业结构中的地位和作用不断下降。同时，产业融合催生出的新技术融合了更多的传统产业部门，改变着传统产业的生产与服务方式，促使其产品与服务结构的升级，促使市场结构在企业竞争合作关系的变动中不断趋于合理化。产业融合能够通过建立与实现产业、企业组织之间新的联系而改变竞争范围，促进更大范围的竞争，从而使市场从垄断竞争向完全竞争转变，经济效率大幅度提高。此外，产业融合有助于推动区域经济一体化，能够提高区域之间的贸易效应和竞争效应，加速区域之间资源的流动与重组；产业融合将打破传统企业和行业之间的界限，特别是地区之间的界限，利用信息技术平台实现业务重组；产业融合将促进企业网络的发展，提高区域之间的联系水平；产业融合带来企业网络组织的发展将成为区域联系的主体，有助于打破区域之间的壁垒，增强区域之间的联系；产业融合扩大了区域中心的扩散效应，有助于改善区域的二元空间结构。

农村电子商务的产生为农业领域的产业融合起到了强大的催化作用。首先，农村电子商务平台为农户提供了角色转化或兼任机会，它能够为农户提供生产者、经营者、消费者甚至管理者等多重身份的兼任平台，提供参与非农业领域的机会，帮助农户由传统的农业生产活动向服务业、销售业等转变。农村电子商务平台汇聚了各个产业领域的生产者与消费者，为各参与个体及组织提供了良好的产业整合平台，为农业产业的纵向融合、横向融合提供了信息交流渠道，促进了传统农业生产活动向规模化、产业化方向的发展。此外，农村电子商务在扮演交易中介平台角色的同时，还无形中扮演了产业技术及模式创新的智库角色，电子商务平台通过营销及技术指导服务的供应，为农户生产模式创新与产销模式转型提供了发展思路，加快了农业生产与第二、三产业的融合步伐。

（五）长尾理论

长尾理论是指伴随着商品存储流通过程中所需要的场地以及流通渠道足够宽广的时候，会促使流通中的各种商品的生产成本随之下降，并且使每个人都有机会和能力去生产这些产品。在这个过程当中，随着生产成本的不断降低，即使在过去无人问津的商品，在此时只要有供给就会产生需求，即形成供给引导需求的局面。这进一步促使原本需求量和销量均不高的商品在市场中所占的份额逐渐上升，变得越发具有市场竞争力，即不断地突破“二八定律”的内在规律。当前，长尾理论正伴随着互联网的迅速普及逐渐得到展现。这一现象在农产品上同样得到了印证。正因为互联网在农村的快速普及，使得农产品的销售渠道、销售市场均得到拓宽，销售成本不断降低。而销售成本的降低，促使更多的农村居民加入电子商务行业，从传统意义上的需求方转变成为供给方，农产品的市场占有量得到了提升。对于城市居民来说，随着节能环保、绿色健康等理念的出现，更多人开始秉承着绿色、健康的理念选择农村产品，使农产品的市场竞争力得到了激发，农产品的市场份额得到提升。

（六）区域经济发展辐射理论

辐射起初是一个物理学概念，其基本概念为能量高的物体与能量低的物体通过一定媒介进行能量交换的过程。经济辐射则指经济发展水平和现代化程度相对较高的地区与经济发展较落后的地区之间进行资本、人才、技术、市场等要素的流动和转移，以及思想观念、思维方式、生活习惯等方面的传播，以现代化的思想观念、思维方式替代与现代化相悖的旧观念，从而进一步提高经济资源配置的效率，其辐射传播媒介包括了交通设施、信息传播和人员直接流动等。

在经济发展辐射理论中，经济辐射的前提条件是经济对外开放和资源自由充分流动；辐射方向始终是双向的，其目的是缩小区域间的差距；辐射的速度和程度与其距离有关，经济发达的国家（地区或城市）对落后国家（地区或城市）的辐射距离越近关系越好，其辐射越充分、辐射的速度越快，辐射的程度越高；反之，亦然。此外，经济辐射并非总是正面的，它具有积极影响和消极影响两种效应。目前，经济辐射的方式主要有点辐射、线辐射和面辐射三种。点辐射一般以某个中心地区为辐射点向周边地区辐射开来；线辐射则以铁路干线及水运途径为辐射带状源向途径两翼地区和上下游地区进行辐射；面辐射则指经济发展水平较高的地区与周边地区进行资本、技术、人才、信息交流，从多个方位进行连续的辐射活动。

1965 年，美国经济学家 J. C. 威廉姆逊分析了四个国家区域经济发展趋势，提出了倒“U”形经济发展规律。他认为，在经济发展的初期阶段，区域间经济发展差距是不断扩大的，但经过一定时期，平衡的力量将使区域差距保持稳定；当经济进入成熟阶段后，区域差距将随着总体增长而逐渐下降。

当前，我国城镇地区与农村地区的经济发展便处于倒“U”形发展规律的后半阶段，即工业反哺农业、城乡一体化建设发展阶段。农村地区与城镇地区在资本、技术、商品、人才、信息上的交换需求激增，城镇地区经济发展对农村地区的辐射效益日益明显。然而，由于资源充分流动、信息对称交流等条件无法在农村地区与城镇地区间的经济辐射过程中得到满足，城乡经济辐射还不具备连续面辐射模式的开展基础。为此，我国政府部门通过一些财政补助政策与发展政策指引，向欠发达农村地区进行先进思想观念的灌输，以期达到跳跃式经济面辐射的目的。如前所述，交通设施、信息流通及人才流动是经济辐射的重要媒介。围绕农村电子商务发展所建设起来的相关体系与基础设施则充分解决了城乡间经济辐射媒介的建设问题。首先，农村电子商务平台提供的信息交流渠道能够将市场信息在城乡间进行有效交换，降低农村居民参与经济活动的风险，此外，平台信息交流渠道所带来的先进消费理念与生活观念，也为农村地区摒弃落后的消费习惯、扩大农村地区消费内需提供了重要帮助。其次，围绕农村电子商务交易需求所建立起来的物流运输体系，也为农村与城镇间的物资交换、交通运输提供了便利，大大提升了城乡经济辐射效率。最后，农村电子商务平台对技术服务的销售与传递也在一定程度上缩小了城乡居民在受教育水平上的差异，有助于农户更加科学高效地开展农业生产活动。

（七）农户行为理论

农户行为理论是从农户角度研究和探索农村经济发展问题的一个视角，国内一些学者在关注和介绍西方农户行为理论同时，还针对中国农村和农户的特殊性进行了大量的理论和实证分析，取得了一些积极的成果。

关于农户内涵的研究。农户是农村最基本的单元，它集经济功能和社会功能于一身，是以血缘为纽带农村个体生产生活的最小组织结构。理论界有以下共识：一是农户即是农民家庭；二是农户也是家庭农场；三是农户是社会经济中最小的组织单位。即“生产和生活的主要场景都在农村，主要依靠家庭成员从事农业生产或农产品加工的最小社会组织单位”。

第三章

中国农村电子商务发展的六个阶段

随着我国电子商务的不断发展和国家相关政策的利好，在农村推行电子商务并利用电子商务惠利当地的农业和农民已成为大势所趋。作为农村地区的主要群体，农民如果能够合乎时宜地加入到电子商务的浪潮中，就能够改变当前收入水平偏低的状况，实现增收。在过去十几年的发展中，我国农村电子商务发展进程大体可分为以下六个阶段。

一、农民的触网

第一个阶段是2003年至2005年，农村电子商务发展路径探索阶段。2005年中央一号文件首次提及电子商务，农民开始认识、了解并尝试使用网络。传统的农民只重视种植，而极少提前计划收获之后的农产品该如何处置，习惯被动地等待收购商上门收购成熟的农产品。这种习惯会降低农民的议价能力，对于种植生鲜类不易保存的农产品的农民来说，更是如此。这种交易方式使农产品的价格被严重压低，其直接后果是农民的收入偏低。网络的出现为这一问题提供了一个很好的解决办法。农民可以通过一些农产品交易平台，找到最有利于自己的收购商进行交易，进而提高收入。

既然电子商务能够增加农民的收入，为什么还存在大量的农民选择传统的售卖方法，而对网上农产品交易避而远之呢？除去基础设施落后，县、村快递不发达等客观原因外，还有三个重要的主观因素。

一是农民怕麻烦的思想。这里的怕麻烦并不是说农民怕吃苦、怕劳累，而是说农民更倾向于做一些熟悉的重复劳动，却不愿意去了解学习、研究新的知识或模式。在传统农产品售卖方法下，农民只需要做好产品，然后坐等收购商上门即可。而互联网售卖法下，不仅需要农民做产品，还需要他们具有基本的计算机和上网知识。其实，学习这些知识并非难事，难的是如何让农民改变心态，让农民自愿学习计算机和网络相关知识以帮助他们销售产品。人类做事情通常是有所图的，要么是得到精神上的慰藉，要么是得到物质上的满足。农民自然也不例外。目前，农民的物质生活水平远低于城镇，所以物质上的利益对于农民来说更有吸引力。

二是农民更喜欢立竿见影的收益。如果能够为农民找到这样一个让他们学习计算机和网络知识的吸引点，这个问题就迎刃而解了。这样的动机是有的，那就是增加收入。农民能够在网上筛选出出价较高的收购商，而非传统模式下被动地接受收购商给定的价格，进而提高农产品的售价。道理简单，但如果直接讲给农民听，农民未必会相信。农民更愿意相信身边发生的实际例子：隔壁老王通过网络销售自家种的粮食，使售价提高了30%。这样一个实例可能要比专家讲一个小时的大道理更有说服力。因此，如果某个村镇想要调动农民网销农产品的积极性，应当尽可能向农民宣传身边的成功案例。这是因为，周边人的成功更能够对农民产生刺激作用，农民认为和自己差不多的人成功了，自己也能够成功。因此，会主动模仿成功者的做法，形成农民要学习的良性循环局面。相反，如果领导像分配任务一样让农民学习，往往不能够让农民了解网络销售的好处，不能对农民产生激励作用。让农民在没有动机的情况下被动地去学习，并不能够产生很好的效果，甚至有可能出现负向效应。

三是农民的怕风险思想。传统农产品交易下，收购商上门收货通常采用现付的方式，一手交钱一手交货，农民能够安心。但在互联网交易中，交货和收钱通常会存在一个时间差。农民担心货交出去了，钱打了水漂。这种担心并非毫无道理。纵观近年来许多与互联网有关的诈骗案件，数量惊人。农民接触互联网时间短，防范意识较弱，更容易上当受骗。由于农民之间的熟识度较高，一旦有人受骗，事情会被很快扩散，尽人皆知。在事件传播的过程中，还会有一些村民会在事件中加入自己的主观臆想，使网络诈骗被妖魔化，闹得人心惶惶。农民得到这种负面信息后，潜意识中会强化自身怕风险的思想，最终对网络销售避而远之。想让农民放下这种思想负担，首先要完善我国的社会信用体系，加强对网络交易行为的社会监督。对电子商务建立合理的运行标准和运行机制，使电子商务的运行有一个良好的大环境，使农民及所有网民的财产安全有所保障。这需要认证部门、银行部门、技术支持部门、运输部门等多部门以及整个国家和社会不断地配合和努力。其次，相关部门也应引导村民正确认识电子商务，既不过分夸大好处，也不只讲弊端。多向村民讲解一些防骗常识，让农民知道大部分诈骗都是可以预防和识别的，使农民放下“网上交易＝骗局”的心理负担。最后，为了配合电子商务在农村的推广工作，还可以找一些正在从事电子商务的村民向其他民众讲解自己从事电子商务的经验。通过这些真人真事，让农民了解电子商务中的先交货后收款的情况是合理的，进而使农民接受网络环境下非“一手交钱，一手交货”的交易模式。

当农民能够克服以上三种抵制互联网的心理，再加之外部客观因素的完备，农民就能够完成从避网到触网这一阶段的转变了。在触网的初级阶段，农民只是简单地从网络上寻找出价合适的收购商，为自己种植的初级农产品找销路。通常以个人或者家庭为单位，就可以完成这一阶段的电子商务业务。现实生活中，在一些地区，这一阶段并不是由农民亲自来实现的，而是由农民所在的合作社代为实现的。合作社统一为社内成员寻找合适的收购商，避免了每家每户单独寻找收购商时在时间和精力上的浪费。另外，合作社供应的农产品量大、品种多，相应的议价能力更强一些。虽然合作社的介入能够提高效率，但是会降低农民直接参与网络交易的程度，不利于农民建立互联网思维。

二、农民身份的转变

第二个阶段是农民身份的转变，从单纯的农民转变成农民网商。农民在触网的过程中，逐渐建立起探索新事物和承担风险的思想。一部分思想转变较快的农民会沿着电子商务的道路向前迈出更大的一步。他们不再满足于在网上寻找合适的收购商，而是借助于一些平台（如淘宝）开始探索开设自己的网店，直接将产品销售给消费者。

在该阶段，农民虽然已经从简单的触网向着网商的角色和思想发展，但是出售的仍然是初级农产品，只是免去了如收购商、一级批发商、二级批发商等这样的一些中间商，使由中间商层层截留的利润全部流入农民口袋里。总的来说，农民的收入会进一步增加。但是，收入和付出是成正比的，农民要做的事情更多了。

以开一个淘宝店铺为例，开店要做的工作包括在淘宝网上注册开立店铺，为产品拍照、上传图片，为产品定价，接单、发货，联系快递等。农民一边要生产自己的产品，一边要打理店铺中的各种事情，显然不是一两个人能够轻易掌控的。这样的店铺想要持续经营下去，至少需要三四个人，或是更多人的一个团体（这种团体通常可以以家庭为单位）。注册店铺并非难事，按照所在平台的要求和步骤操作即可。但是，注册之后对店铺界面进行设计和规划，以及对产品进行拍照等工作则是需要一定的技术水平。农民对此接触很少，没有经验。而店铺界面的美观程度和产品展示照片的质量好坏会直接影响潜在购买者的购买决定。建议先找专业人员进行前期的操作，后期再组织农民学习和模仿专业人员去做这些事情。网络购物因为看不到实物，客户有很多问题并不能通过浏览图片或者简单的产品描述得到解答，需要客服从中协调。在大多数情况下，农民只要秉承热情、真诚、耐心、实事求是的态度回答顾客的问题，便能够基本满足客户的需求。另外，农民开网店可能会遇到物流系统的不完善的阻碍。截至目前，仍然有很多村镇是物流网络没有覆盖到的。一些村庄即便是有物流渠道，但是高昂的物流费用也让农民望而却步，不敢使用。要解决这个问题，除了期待物流网络的完善、物流价格的降低，也可以寻求其他一些替代方法。比如，通过客运的途径。如今，我国大部分乡镇都已经开通了公共汽车。如果网店的交易次数不频繁，可以和客运部门协商，先通过公共汽车以较低的运费将产品运到物流发达的邻近地区，再从邻近地区将产品以快递形式寄出。如果订单频繁订货量大，可以借助草根网商红人王小帮的方法，直接将仓库搬到邻近的物流发达的城区，定期对城镇中的仓库进补货。一旦收到顾客的订单，便可从城镇中的仓库立即发货，让顾客以最快的速度收到产品，增加顾客的满意度。

在这一阶段，需要农民把更多的精力转移至销售产品上，如何把产品成功卖给消费者并让消费者感到满意成为关键，农民正在从传统的只负责种植的农人开始转变为半种植半经商的农商。

三、农民思想上的飞跃

第三阶段是农民思想上的飞跃，农民逐步意识到品牌的重要性，并开始创建品牌。农民经过第二阶段的尝试，市场意识增强，自然而然寻求赚取更多利润的方法。在第二阶段，农民收入的增加来自销售过程中流转环节的减少。中间商减少了，中间商的利润由农民获得。但是，依靠这种方法能够增加的收入是有限的。想要进一步增加收入，需要直接增加农产品的附加值。其中一个方法就是为自己的产品树立品牌，发挥品牌的效应，让品牌增加价值。打造品牌的过程并不容易，任何一个好的品牌都要有自己的特色。农民想要为自己的产品创造一个好的品牌，首先要找出自己的特色产品。通过主推这一最优、最富特色的产品来创造自己的品牌，待品牌有一定的影响力，在消费者心中有一定的认可度以后，再将其他产品逐步纳入现有的品牌中。

农民在确定自己的特色产品时，可以参考当地特色的产品。这些地域特色产品本来就有一定的名气，消费者在上网搜索这类产品时，关注该地域产品的可能性更大，因而消费者购买的可能性也更大。例如，重庆涪陵被誉为榨菜之乡，其传统制作技艺被列入第二批国家级非物质文化遗产名录。青菜头这道特色农产品，在经过加工制作成榨菜之后，更是远销国内外，并与法国酸黄瓜、德国甜酸甘蓝并称世界三大名腌菜，也是我国对外出口的三大名菜（榨菜、薇菜、竹笋）之一。涪陵的榨菜品牌就有十几个，要想成为当地最具有影响力的品牌，不仅要考虑产品的质量和味道，还要运用现在的营销手段，学会推广自身的品牌，比如运用搜索引擎营销，让消费者在网上检索“涪陵榨菜”时，第一个就出来自己的品牌名称，这样才有可能让更多的消费者关注到自身的品牌，从而提高购买量。同样道理，想要购买阿胶的顾客更有可能买“山东阿胶”；想要买陈醋的顾客更有可能买“山西老陈醋”。某个品牌只有在产品被购买、被尝试之后才有可能获得认可，才有可能产生品牌效应。因此，产品能够获得关注就是一个好的开始。另外，能够成为特产的产品本来就会比同类其他的产品质量好。以这种产品为自己品牌做推广，更容易得到消费者的认可。因此，以优质产品作为新品牌的主打产品，更容易获得消费者的好感。一旦品牌所销售的产品被认可，那么爱屋及乌，这个品牌也就极有可能被认可。当品牌建立起一定的影响力之后，就可以把其他相近品类的产品拉入这个品牌中，依靠品牌已有的知名度为新进入产品打开销路。当然，后加入品牌的产品也应当拥有较高的质量。如果只是想利用品牌的知名度销售更多的产品，加入一些良莠不齐的产品，最终会毁了之前辛苦创建的品牌，得不偿失。

虽然以当地特产作为主打产品来建立新品牌的形象有不少优点，但是也存在很多问题。如果某种地域特色产品中已经出现了一个在买方市场颇有影响力的品牌，那么以同质的产品和同样的方法再复制第二个、第三个品牌就不那么容易了。这是因为，已有品牌先入为主，消费者在已有品牌这里已经获得了良好的体验，对该品牌产生一定的忠诚度。如果新入品牌的产品和已有品牌的产品之间没有太大差异，消费者便不会贸然更换。一些新入品牌为了吸引消费者，聚集人气，会以低价进入市场。虽然这种方法在初期能够起到一定的效果，但是吸引到的这些消费者本来就是冲着低价而购买的。因此，他们对价格变化更加敏感。之后，价格的提高会促使他们寻找其他低价同质的产品作为替换。因此，为了留住这些消费者，商家需要保持低价。这就违背了最初创建品牌以提高产品附加值的初衷。另外，其他一些同质产品的商家为了保留自己的顾客，会开出更低的价格，进而引起价格战，使得利润越来越低。

这种状况下，农户之间单打独斗式的经营是非常不利的。既然是地域特色产品，也就意味着这种产品产地比较集中，范围不大，质量类同。那么，这个地区的农民可以联合起来（通常由当地领导带领，民众选举代表，共同组成一个管理团队），共同创建一个品牌，然后按照统一的方法种植，统一管理、统一出售。这样一来，就避免了相互之间打价格战。同时，大家把力量集中在一起，更有可能创建一个成功的品牌。“成县核桃”的成功就是一个很好的例子。成县核桃能够有今天的名气，很大一部分归功于“全县干部群众一起上，共同吆喝的策略”。

采用当地特产来推广品牌时，需要注意的另一个问题是：宣传产品时，要着重强调品牌，而不是地域。这个阶段的目的是凸显品牌，而非成就地方特产。正如上述苹果案例中，目的是让 XY 这个品牌出名，而不是让“灵宝苹果”出名。这么做是因为一个地方的土壤、气候这些客观环境往往是固定的。适应这种特定环境生长的农产品也是极其有限的，一个地区的特产就那么几种。如果某段时期，消费者改变了偏好，不再喜欢这种特产，这个地方农民的收入便会受到很大的影响。而品牌对不同种类的产品的包容度更大。一个品牌可同时销售多个种类的产品，消费者不喜欢某一种类的产品了，还可以销售其他的品种。例如，“三只松鼠”这个品牌在消费者心中代表的是高质量的坚果，既可以卖松子，也可以卖核桃，还可以卖夏威夷果等。而“成县”让人想到的只是高质量的核桃，如果成县突然卖起了松子和夏威夷果就会让人觉得很奇怪，毕竟成县的气候、环境并不适合这两种坚果的种植。因此，消费者可能并不会买账。另外，品牌会为自己的产品设置一定的标准，不会接纳不达标的产品。换句话说，品牌能够控制产品的质量。而地域特产则不然。只要是同一地区生产的某一产品，便都可借着某地特产的名号进行销售。灵宝产的苹果都能称作“灵宝苹果”，但是“灵宝苹果”中也会有参差不齐的品质。如果不好的产品打着某地特产的名字进入市场，反倒会坏了这一特产的名声。鉴于地域特产不能很好地控制其名号下这些产品的质量，建立品牌显得尤为重要。然而，在现实生活中，地域名称（如“赣南脐橙”“道口烧鸡”）总是占据了农产品外包装上最显眼的位置，而品牌商标则被置于一些边角、不起眼之处，并以很小的字体带过，甚至一些农产品包装上根本没有体现品牌。这种弱化产品品牌的包装策略十分不利于品牌的推广。

创建品牌时，应尽量使品牌的名字和主营产品相呼应，让消费者更容易记住。如果有能力，还可以做出配套的商标，加深品牌在消费者脑海中的印象。在品牌建立方面，“三只松鼠”的成功案例值得借鉴。“三只松鼠”主营坚果、干果等森林食品。以松鼠这种活泼可爱，以食用坚果为生的森林小精灵命名，十分合适。既突出了主营产品——坚果类食品，又让人联想到这些产品来自无污染的森林，是健康的食品。该品牌的另一个亮点是其商标，三只卡通形象的松鼠与品牌名称配合得十分默契。三只卡通松鼠的形象设计得十分精美可爱，让人印象深刻。公司还为三只卡通松鼠赋予了不同的名字和性格，推出了相关的松鼠动画，与顾客进行互动宣传，吸引了当前网络消费的主力军——“80后”“90后”两代人，拉近了企业与消费者之间的距离。后续，公司还通过良好的用户体验，如鼠小箱（包裹箱）、鼠小器（开箱器）、鼠小夹（封口夹）、鼠小袋（垃圾袋）、鼠小巾（湿巾）和慢食快活微杂志（品牌杂志）等，完善已有品牌的特色配套设施来不断加深品牌在消费者心中的印象，增加消费者的好感度和对品牌的忠诚度。所有的这些策略都以品牌为中心展开，并与品牌遥相呼应。当然，“三只松鼠”背后有着强大的营销团队。农民网商仅依靠自身力量创办一个像“三只松鼠”一样的品牌是很难完成的，需要借助于专业人员的力量。农民网商想要将电子商务做强做大，需要在发展过程中不断提升自身各方面的素质，并主动寻求各类专业人员的帮助。

在这阶段，农民逐步意识到品牌的力量，在日常的经营中也开始主动、有意识地使用营销策略。

四、对初级农产品进行加工

第四阶段是农民对初级农产品进行加工，进一步提高产品价值。原始农产品的价值相对来讲是比较低的，而加工后的农产品却能够身价倍增，达到原来的几十倍甚至几百倍。对农产品先进行加工再在网络上销售不仅是增加农产品附加值的好方法，也解决了农产品尤其是鲜活产品不易保存、运输难的问题。例如，将水果做成果酱或果汁，将蔬菜进行脱水后做成蔬菜速溶汤等。这些经过加工的产品不会像鲜水果那样容易腐坏，比原来的产品体积减小不少，更便于储存和运输，水产品尤其适用此方法。黄河金是一家销售鲤鱼的企业，主打产品是一款经过去鳞、清理、油炸后的半成品鲤鱼礼盒，礼盒中还配有已经调制好的料汁。经过加工的鲤鱼避免了活鲤鱼在运输过程中对于温度、湿度的苛刻要求，使其能够像普通的产品一样运送，大大减少了运输成本。另外，像黄河金鲤鱼这样的半成品菜肴更能够满足人们快速烹饪的需求。国外的超市里也经常能够看到类似的半成品餐食。所需的原材料都已经由商家洗净、切片、分装密封在餐盒中，有些已经配好了合适分量的料汁。消费者购买回家，只需按照说明简单操作，就可享用美食。这种半成品食品的价格要比同等质量的原始农产品贵出不少，但是需求量仍然很大。因为半成品食品能够为消费者节省了不少时间，解决了现在的上班族生活节奏快，没有很多精力和时间张罗饭菜的难题。因此，这种半成品的菜肴不仅利润高，而且市场潜力巨大。

对初级农产品进行加工虽然有众多好处，但是也有不少前提和限制。首先，资金的问题。对农产品进行加工要有设备，而这些设备通常金额不菲。小的农民团体并没有足够的资金支持对农产品进行加工。其次，技术方面的问题。很多农产品都是食品，如何保证加工过程中的食品安全和营养成分不流失，是需要考虑的问题。农民对这些技术毫无基础，自身难以达到技术方面的需求，需要从外部寻找专业人员。另外，处于该阶段的网商已具有一定的规模，内部需要有正规的管理。因此，拥有优秀的管理者至关重要。

通过以上几个阶段的锻炼，农民虽然掌握了一些管理方法，形成了一些管理理念，但是管理上规模的企业，可能能力上还有所欠缺，仍然需要从外部寻找合适的人员来协助。

综合以上这些可能遇到的问题，建议农民网商在充分经历电子商务洗礼后，在对商业运营有足够了解的基础上，并且通过以上三个阶段的运营积累到足够的资金以后，再进入农产品加工这一阶段。进入之前，农民还应对未来的发展、定位等问题作出详细和明确的规划。农业电子商务发展到该阶段，技术支撑、管理能力和充足的资金链是成功的关键因素。

五、用户体验销售

第五阶段是用户体验成为销售和服务的中心，创意成为利润的新增长点。这里的创意是指以优质产品为基础、以顾客需求为中心，能够提升用户体验的好点子。好的用户体验是让产品增值的重要途径。增加用户体验的创意如下。

（一）对同一产品给予不同的定位

消费者购买商品主要有两个用途：自用和送人。自用要的是经济实惠，送人则讲究包装精美上档次。商家应根据消费者的这两种不同需求，将产品设计成两种规格，包装简单、含量大的经济型和美观精致的礼盒型。

另一种定位是指将产品依据自身特点划分为高、中、低档，以适用不同阶层的消费群体。“宁夏枸杞”是成功运用这种分类方式的典范。宁夏枸杞最初的价格只有 10 元/kg。经研究发现，每年第一批成熟的枸杞的营养价值最高。于是，商家就把这第一批枸杞单独起了个名字，叫作“头茬儿枸杞”，用以与其他的枸杞区分开来。这一新概念的提出，让这部分枸杞的身价倍增，从 10 元/kg 跨越到了 128 元/kg。这种分类需要商家对产品有足够的研究和了解，进而进行有依据的分类，而非随意分类。

（二）强调发展绿色农业，让消费者放心

由于我国已经进入高效率的“石油农业”时代，大量化肥和农药被使用，致使环境污染和食品安全的问题日益受到消费者的重视。如何让消费者相信农产品是安全无污染的，将成为销售成功的关键。

其中一种让消费者放心购买的方法是将生产过程展示给消费者。可以将农作物生长种植过程拍摄下来，做成纪录片展示给消费者。有条件的还可以组织消费者直接到种植地参观。另外，企业还可以通过权威机构的检测，让顾客相信农产品的品质。最后一种是近年来常被提到的溯源的方法：在农产品的外包装上印一个二维码，用户扫码即可知道产品在种植、运输、加工过程中的相关信息。日本一家叫作“farm biz market”的电子商务平台在农产品溯源的过程中甚至公布了农产品生产者的照片和电话，以获取消费者的信任。

（三）私人定制

这里的“私人定制”是指保留产品主要功能的同质化特征，而在一些辅助的附加功能上实现个性化。毕竟，想要在主要功能部分实现差异化的生产成本太高了，对于大部分农产品来说不适用。局部实现个性化能够满足顾客对同一产品的不同需求，让顾客认为自己得到的产品是与众不同的。同时，个性化定制部分通常由顾客自己提出方案。这种亲身参与的方式能够让顾客认为商品更有意义和价值，进而增强顾客体验。例如，一家销售礼品的公司在每一件产品的外包装上都印制了一枚不同的二维码，顾客可以事先编辑一些祝福的文字、图片、语音或者视频。当收到礼品的人用手机扫描二维码后，就可以收到

送礼人独一无二的祝福了。对于消费者而言，在购买主商品的同时又获得了额外的产品或服务，自然愿意为商品付出额外的价钱。对于商家而言，这种额外产品或服务的成本是微乎其微的。因此，对产品局部进行私人定制这种策略，如果把握得当，就能为企业带来可观的利润，并增加顾客对产品和品牌的好感。

（四）为品牌渲染一抹文化气息，为产品增添一份艺术的色彩

为品牌渲染文化气息，说得简单一些，就是为品牌编一个出身、背景和身世。比如，“三只松鼠”这个品牌为商标中的三只松鼠赋予了不同的性格、生日、性别等，并以商标中的三只松鼠为主角编写了一系列漫画故事。这种丰富有趣的品牌故事能够拉近与消费者的距离，博得消费者的好感。即使销售价格比同类产品贵出一二元，消费者也愿意买单。另外一个在此方面做得比较成功的案例，是一家名为“掌生谷粒”（与“掌声鼓励”同音）的粮商品牌。其主营产品能够很好地从其名称中反映出来，就是谷杂粮。但是，企业在卖产品时传递给消费者的却不仅仅是农产品，而是透过农产品反映出我国台湾地区的风土人情和对待土地的态度。该品牌创始人夫妇通过探访台湾各地用心耕作的稻农，以文字、影像的方式记录了农人以最传统、最用心、最健康的方式种植出绿色有机农产品的感人过程，并以此为素材出版了《掌生谷粒——来自土地的呼唤》一书。这本书的出版，使品牌获得了特有的性格，将品牌与台湾的农耕文化联系在一起，使品牌更有一种文化价值。此时卖出的不再仅仅是一份商品，更是商品背后的品牌所蕴含的文化。试想，消费者品尝美食的同时，根据书中描述产生联想，嘴中的粮食是吸收了日月精华、风霜雨露的结晶，不禁会心中喜悦。这就是品牌文化带给消费者额外的美好体验，消费者是愿意为这种美好的体验付出额外的价钱的。

为产品增添艺术色彩主要是指在产品包装上下功夫。美好又与产品相匹配的包装能够满足人类审美的需求，进而让人感到愉悦。同样以“掌生谷粒”举例，该品牌旗下的“一齐米”产品采用古朴的牛皮纸，揉制而成的纸藤圈进行包装（见图3-1），并将以书法写明产地、产品名称和生产者故事的绵纸外衣贴在包装上。传递出品牌鲜明的个性、极其深厚的文化底蕴、浓浓的文化

气息。美好的事物总能让人心旷神怡，这种极具特色的产品包装无疑能够增强用户的体验。

图 3－1　掌生谷粒旗下的“一齐米”产品

资料来源：掌生谷粒官网.

这一阶段，产品销售的主要对象不再是一般大众，而是资金比较富足的小众人群。相对于低廉的价格，这类人群更看重的是产品的质量和产品带来的体验，尤其是精神上的体验。这种产品的销售对象，虽然范围较为狭窄，但是顾客的忠诚度更高，产品的利润也更高。而且这类产品都有自己独有的特色，难以被模仿，所以竞争不算激烈。这一阶段的营销策略更加符合当下精致消费、文化消费和象征消费的时代特征。虽然这一阶段主要提到的是营销策略，但是再出色的营销都离不开产品优良品质的支撑。因此，创造好的产品是成功的基础。在这一阶段，仅依靠农民自身来运作是几乎不可能实现的，需要有专业的营销人员来出谋划策。

六、实施“数商兴农”工程

第六个阶段，我国农村电子商务发展进入了“数商兴农”高质量发展的新阶段。2021 年印发的《“十四五”电子商务发展规划》突出电子商务与第

一、二、三产业的融合，推动乡村产业振兴、数字乡村建设，大力实施“数商兴农”行动，加快完善农村电子商务生态体系。2022 年中央一号文件进一步明确实施“数商兴农”工程，这是发展农村电子商务的新举措，也是农村电子商务发展新方向。

“数商兴农”是发展数字商务振兴农业的简称。“数商兴农”就是充分释放数字技术和数据资源对农村商务领域的赋能效应，全面提升农村商务领域数字化、网络化、智能化水平，推动农村电子商务高质量发展，进而支持和促进农业生产发展与乡村产业振兴。

“数商兴农”是根据“商”与“农”互联互促的经济规律，通过数字技术和数据要素赋能农村商务发展，以涉农商务数字化转型进一步促进农业生产数字化和产业振兴。从《“十四五”电子商务发展规划》的部署来看，“数商兴农”行动着眼于改善农村电子商务基础设施、物流配送和农产品电子商务化，促进产销衔接，是电子商务进农村综合示范工程的升级。

以实施“数商兴农”工程为牵引，夯实“快递进村”工程和“互联网 + ”农产品出村进城工程，推进电子商务进农村，是中央对发展农村电子商务的统筹布局。“数商兴农”行动将对农村电子商务乃至县域经济发挥积极作用。

一是“数商兴农”工程与“快递进村”工程、“互联网 + ”农产品出村进城工程相结合，扩大电子商务进农村覆盖面。二是“数商兴农”行动将全面加快农村“新基建”，改善农村电子商务基础设施，健全农村寄递物流体系，深入发展县、乡、村三级物流共同配送，贯通县、乡、村物流配送体系。三是“数商兴农”行动将推动电子商务与第一、二、三产业加速融合，全面促进农业产业链供应链数字化改造，助力农业转型升级和全面推进乡村振兴。四是“数商兴农”行动加快普及短视频电子商务、直播电子商务、小程序、社区团购等新兴业态，打造农产品网络品牌，催生农民专业合作社、种植大户、农产品加工企业与网络经纪人、物流配送队伍等行业融合发展，带动电子商务服务业、乡村旅游、餐饮及民宿等产业发展。

从 2005 年中央一号文件第一次提到“电子商务”，到 2022 年中央一号文件提出实施“数商兴农”工程，再到 2023 年中央一号文件提出实施“一县一业”强县富民工程，中央把握农村电子商务发展规律和趋势，发展农村电子商务的工作思路逐步明确。“十四五”时期，数字化生活消费方式变革将重塑农村市场，农村电子商务生态要素将加速整合，农村电子商务对农业生产和农村消费的巨大潜能将加速释放，成为推动乡村振兴取得新进展、农业农村现代化迈出新步伐的重要引擎。另外，值得注意的是，即使一种电子商务的模式在当下取得了成功，也不能妄想能够一成不变地利用这种模式来维系成功。电子商务最大的特点就是其在不断地发生变化。因此，当下的成功只属于当下。想要获得持续的成功，需要不断地探索、更新和变化。

第四章

农村电子商务的典型模式与案例

一、“沙集模式”

（一）“沙集模式”的内涵

2010 年，中国社科院信息中心与阿里研究中心通过对江苏睢宁沙集镇电子商务的长期观察，首次提出了“自下而上”的农村电子商务发展模式——“沙集模式”。农民通过电子商务，在家中就可以创业致富，其经济社会影响意义深远，为信息网络时代解决“三农”问题提供了一个新选择，为解决城乡二元发展问题提供了一个新选择。此后，两家研究机构相继发布了《农产品电子商务白皮书（2012）》《涉农电子商务调查数据分析报告》《沙集模式 2. 0》《遂昌模式研究报告》《义乌现象——从一个市场的转型到县域电子商务经济体的浮现》等一系列具有影响力的研究报告。

从根本上说，“沙集模式”既是对“沙集现象”的理论升华，也是对实践的一种总结。透过这种现象把握其中的规律，进而对其进行推广和传播，让更多的地区和人群从中受益。

“沙集模式”的核心就是推动农村信息化，进而促进产业的快速发展，实现信息化和产业的有机融合。其内涵就是“网络 + 公司 + 农户”，如图 4 – 1 所示。其中，农户是主体，公司是基础，网络是龙头。在“沙集模式”中，家庭经营的农户是发挥主导作用的主体，实体公司是农村产业化的基石，电子商务平台则成为农村产业化的主导和引领力量。

“沙集模式”是信息化带动工业化、工业化促进信息化的现代化道路在农村的具体体现。

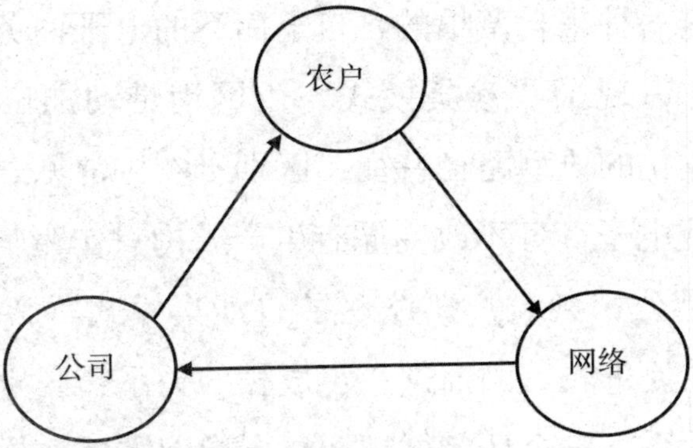

图 4－1 “沙集模式”示意图

资料来源：康春鹏，汪向东．沙集电子商务现状与“沙集模式 2.0”探析［J］．徐州工程学院学报（社会科学版），2013，28（03）：14－17.

首先，“沙集模式”是指这样一种模式，即农户自发地使用市场化的电子商务交易平台变身为网商，直接对接市场，网销细胞呈裂变式复制扩张，带动制造业及其他配套产业发展，各种市场元素不断跟进，塑造出以公司为主体、多物种并存共生的新商业生态；这个新生态定义又促进了农户网商的进一步创新乃至农民本身的全面发展。“网络＋公司＋农户”相互作用、滚动发展，形成信息网络时代农民的创业致富新路。

其次，“沙集模式”中的三大要素都具有各自的特殊性。这里的农户，不再是与大市场相隔离，只能依靠别人提供的信息，或靠惯性被动盲目生产的弱势小生产者，而是在自己家中就可以直接对接市场、主动掌握信息，自主经营，按需生产的平等的市场主体；这里的公司，不再是外加在农村经济之上，控制农户，经常与农争利的传统公司，而更多是土生土长的，由农户变身而来的新公司，以这种新公司为基础吸引其他市场元素跟进，形成了一个为农户网商服务共生多赢的新生态；这里的网络，不是由政府主导、国家投资、官办机构管理、农户不太买账的信息网络平台，而是以淘宝为代表的市场化的公共电子商务平台，农户从事网上销售既不需要国家财政投入一分钱，自身应用成本又低，且实效显著。

再次，“沙集模式”三大要素之间存在逻辑关系。其中，第一个环节是由农户到网络，体现了“沙集模式”是农户自发、主动应用既有的公共电子商务平台的特点。这是一种来自草根的、自上而下的电子商务推广模式。第二个环节是网络到公司，体现了“沙集模式”由网销带动加工制造、以信息化带动工业化和农村产业化的典型路径特征，区别于农村常见“先工业化，再信息化”的发展模式，或电子商务不改变原有生产结构只作为辅助销售手段的应用模式。第三个环节是公司到农户，体现了“沙集模式”以公司为基础，以市场化的新生态服务并促进农民网商进一步成长的关系，区别于以前公司凌驾于农户之上的不平等关系。三个环节循环往复，像滚雪球一样，推动沙集以网销为龙头的产业集群发展壮大。

最后，“沙集模式”在农户与网络的关系上，体现的是双重的社会资本。其中，一是农村特有的社会土壤；二是市场化电子商务基础设施的网络外部性形成的社会资本。双重社会资本加在一起，为农户利用网络、对接市场和快速复制提供了良好的条件。网络与公司的关系上所体现的，就是中央政策 10 年来一直提倡的两化融合共进，信息化带动工业化的关系。在沙集，它表现为网销带动工业制造，制造加工促进网销，进而形成良好的商业生态，带动农村产业化的过程。在公司与农户的关系上，则体现了良好的市场新生态或市场环境激励农户进一步创新和全面发展的关系。“网络 + 公司 + 农户”的滚动发展，其实就代表了“沙集模式”所体现的一种信息网络时代农村的富民新路，如图 4－2 所示。

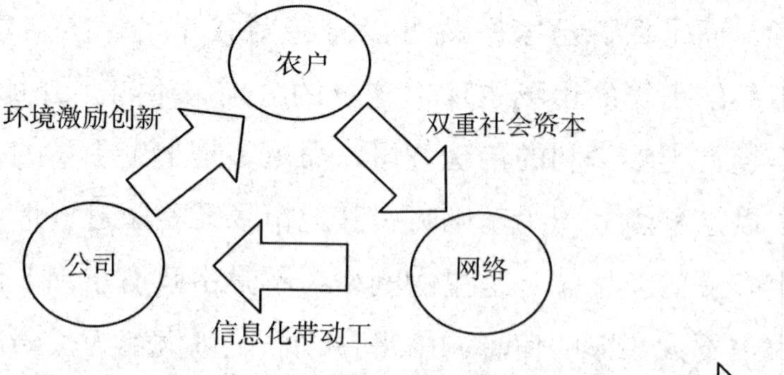

图 4－2　“沙集模式”三要素

（二）“沙集模式”的发展历程

1. 从无到有，淘宝村自发式涌现（2006—2010年）

2006年，江苏省睢宁县沙集镇东风村三名怀揣致富梦想的年轻人，在互联网上开起了村里的第一家网店，从事简易拼装家具的网络销售及加工。经过短短的三年，网店生意从无到有，被村民们快速传播、学习和复制。到2010年10月，东风村的网店数量已经超过2000家，400余户村民从事网络销售业务，年销售额3亿元，平均年增速超过200%。东风村成为我国最早认定的三个“淘宝村”之一。

电子商务家具产业从无到有，初步形成产业链条。东风村的家具因为物美价廉，安装简单，远销北京、上海、香港等各地，甚至韩国、日本的订单也源源不断。网络销售及加工同时带动了板材生产加工、五金配件、物流、快递等业务的涌现和发展。截至2010年10月，沙集镇共有家具生产厂180余家，板材加工厂6家，五金配件2家，物流快递15家，电脑专卖店7家。仅2010年东风村的物流快递收入就达到3000万元。东风村之前并没有任何家具业的优势和传统，但是却凭借网络销售拉动了产业链的形成和成长。

“沙集模式”意义初现，为解决“三农”问题和推动农村经济和社会转型树立了样板。农民通过互联网赋能，低门槛开店，对接全国的大市场，不仅提高了收入，还解决了创业和就业难题。曾经外出务工的年轻人基本都已返乡，“空巢”问题迎刃而解，而且村里还出现上千人的劳动力缺口。农民的身份也由此发生了改变，从农民、农民工跃升为自主经营的网商。由于家家户户都忙于网店生意，家庭生活富足幸福，东风村几年来没有出现过社会治安问题。

2. 从小到大，淘宝村集群形成规模（2010—2017年）

克服重重困难，“沙集模式”快速成长。自2010年开始，“沙集模式”保持了高速增长，年销售收入平均增幅达到68%。2017年沙集镇全镇电子商务销售额为88.9亿元，网商平均利润率保持在30%。全镇网店数量达到1.62万个，实体企业1700余家，相关从业人员3.77万人。沙集创业者通过自我学习，企业快速成长。以德邦物流为例，自2011年入驻沙集以来，6年时间从1个营业部发展到2017年已经有2个营业区、16个营业部、4个快递分部和2

个合伙人加盟点，收入从首月的30万元猛增到2016年的全年超过1亿元。

“沙集模式”快速成长的过程，也是克服困难的过程。“沙集模式”是以“网络+公司+农民”为特点的创新型模式，在实践过程中遇到的新问题并没有现成的理论或者经验值得借鉴。事实上，“沙集模式”在发展过程中先后经历了低水平恶性竞争、专利侵权风波、缺少人才、物流集体涨价、极端天气、土地和资金瓶颈等问题。在沙集网商自己解决困难的同时，当地政府积极介入，在关键节点发挥了重要推动作用。在政府的积极组织下，沙集引进高端师资，加大了对网商的培训，还组织网商走出去参观现代化大型企业；邀请知识产权专家，为网商进行专项培训和答疑解惑；建设电子商务园区，引导网商转型升级；组织金融机构创新贷款服务，解决网商的资金短缺问题；协调市场监管、消防、电信等部门，积极为网商提供所需服务。沙集的基础设施逐步完善，营商环境持续优化。

“沙集模式”快速复制，淘宝村集群形成。“沙集模式”具有较强的可复制性，它产生于没有任何产业基础的贫困农村地区，是由信息化带动工业化和服务业发展起来的，因此它的进入门槛低，完全可以从零基础实现跨越式发展。更难得的是，沙集人具有非常开放的心态，对于网店生意经都是倾囊相授。事实上，“沙集模式”的种子，很快被播种到周围的村镇，甚至其他省市。“沙集模式”快速开花结果，2014年，沙集镇成为全国首批“淘宝镇”之一。2018年，睢宁县拥有淘宝村92个，淘宝镇10个，是全国唯一一个所有镇均有“淘宝村”的县域，江苏省最大的淘宝村集群由此形成。

3. 从大到强，电子商务家具产业崛起（2018年至今）

沙集电子商务家具产业继续保持高速增长，全镇家具产品呈现多元化发展趋势，既有做板材类、钢构类、碳化类、软包类的，也有做实木家具的；既有做简易拼装家具的，也有做整体家具的，甚至还有做全屋定制的。沙集原创的实木子母床，销售量已经占到各家电子商务平台子母床销量的80%以上。除了家具产品，沙集也积极向其他产品大类拓展，如服装、家居用品等，沙集网销业呈现多元化发展趋势。

在政府的积极引导下，沙集网商持续创新，从高速增长转向高质量发展，具有地方特色的电子商务家具产业正在形成规模和优势。沙集电子商务家具业从以下几个方面进行了尝试。

第一，重视产品研发，创新提速。沙集家具产品最初从模仿起步，经过十年的市场历练，网商们已经认识到拥有自己独创产品的重要意义，因此加大了研发和设计的投入。

第二，狠抓企业管理，提升可持续发展能力。创业初期，沙集网商开设的都是家庭作坊式的小工厂，经过实践的检验，网商们发现要保持竞争优势，必须全方位进行现代企业建设。从硬件上，为了提高生产效率和产品质量，沙集网商们纷纷投资购买高端自动化加工设备。从软件上，引入现代企业管理制度，高薪聘请一、二线城市的研发团队和管理人才，提升管理水平。

第三，加强产品质量监测，打造地方品牌美誉度。国家木制家具及人造板质量监督检验中心沙集实验室的投入使用，为沙集及周边地区的电子商务家具企业提供检验检测服务，抽查的不达标产品将不能在网上销售，从源头上把控产品质量。“沙集镇”集体商标的注册和使用，有助于打造具有竞争力的地方家具品牌，为优质企业保驾护航，帮助中小企业借船出海。

第四，加大环保治理，沙集整体环境持续改善。沙集创业企业的环保意识逐步加强，并积极采取行动加强生产中排放的粉尘和废物的科学处理。金多喜家具有限公司购置高端设备，给车间安装脉冲式密闭打磨集尘台用于降低粉尘。此外，沙集镇还建设了两个喷涂中心，让中小家具企业能够集中喷涂，避免给环境带来的污染。

第五，重视学习和交流，创新文化氛围浓厚。“沙集模式”发展十年，沙集网商一直保持了学习和交流的良好习惯和氛围。网商们定期聚在沙集智慧电子商务产业园，举办不同主题的沙龙，分享各自的经验和新创意，取长补短。网商们还经常邀请外面的专家举办讲座，提升自身的综合素质和能力。有时，还组团去外地参观其他大型企业，学习取经。

第六，配套服务继续完善，支撑电子商务家具产业发展。沙集镇的物流快递公司因为规模效益和激烈竞争，使得物流价格优势明显。金融服务更是不断创新，金融机构相继推出各种优惠和扶持型的贷款服务；政府部门还出资成立小额贷款担保公司，为网商贷款提供担保服务；为了方便网商办理业务，睢宁农村商业银行在东风村设立服务网点。此外，沙集镇其他配套服务也蓬勃发展，如摄影企业、电子商务运营服务企业、原材料供应商、床垫加工厂、油漆销售企业、五金配件厂商、会计服务公司等。此外，沙集还有拥有现代化的沙集智慧电子商务产业园，为网商提供了广阔的发展空间。

第七，海纳百川，包容更多的外地企业和人才来沙集发展。沙集的创新环境和配套服务优势还吸引更多的外地企业和人才落户沙集，沙集网商和当地政府更是采取开放的心态，欢迎新鲜血液的加盟。电子商务产业园提出了多项优惠政策欢迎企业入驻，电子商务企业的高工资和广阔的发展空间也具有非常大的吸引力。外来企业和人才的源源不断流入，为“沙集模式”进一步发展奠定了坚实的基础。

第八，沙集模式全面发展，在其他领域也取得累累硕果。经过有关组织的严格考评，沙集镇电子商务家具产业园升级为国家级产业园，这将进一步发挥沙集电子商务的示范和带动作用。此外，沙集镇先后获得国家扶贫先进集体、中国家具电子商务产销第一镇、中国首批淘宝镇江苏省现代服务业集聚区、国家新型城镇化综合试点、全省首批特色小镇创建单位等多项殊荣。

（三）“公司 + 农户”与“网络 + 公司 + 农户”模式的区别

1. “公司 + 农户”模式

“公司 + 农户”模式主要是指以市场为导向，在龙头企业的带动下，企业与农户签订合同，进行特定形式的合作，形成农工商一体化的产业链。

“公司 + 农户”经营模式始于 20 世纪 80 年代。随着家庭联产承包责任制的实施，确定了农户在农村经济中的主体地位。然而，农民在生产经营中，面临农产品销售渠道不畅和农产品生产的盲目性问题。于是，“公司 + 农户”应运而生。它的特点是龙头企业把小规模和分散的农户与国内外大市场衔接起来，采取与农户签订合同、定点收购农产品等合作形式，部分解决“小农户”进入“大市场”而带来的交易成本过高的问题。

在“公司 + 农户”模式中，农户对龙头企业是一种依附和依赖关系，农户在生产经营过程中没有话语权，在市场交易中处于被动不利地位。因此，农户的利益得不到保障。当市场有风吹草动的时候，受损失的往往是处于劣势的农户。这也是“倒奶”“杀牛”等极端事件出现的原因。

“公司 + 农户”模式最大的问题是农民无法与市场对接，处于弱势地位。公司为了掌握市场有能力与农民争利，农民没有定价权，导致农民获得的利益很少。

2. “网络 + 公司 + 农户”与“公司 + 农户”模式的区别

“网络”要素的加入，使得以“网络 + 公司 + 农户”为核心的“沙集模式”彻底改变了“公司 + 农户”这样一种农村生产的基础结构，对于解决农村经济问题具有划时代的引导意义。在“沙集模式”中，农户为整个产业链的主角，他们直接对接大市场，服务用户，根据消费者的需求调整产品设计和生产。不仅自身发展壮大，逐步成为市场经济中的一个大公司，还带动整个产业链的其他企业共同发展。农民直接和市场对接，把很多中间环节的费用省去了，相对来说农民在交易中的地位得到了加强。

在两种模式中，农户的角色、地位、权利、风险等方面差别较大，主要区别见表4－1。

表4－1　农户在两种模式中的角色比较

	“公司 + 农户”模式	“网络 + 公司 + 农户”模式
角色	低端（生产、养殖）	中高端（决策 + 生产 + 营销）
地位	被动地位（被给订单、被辐射、被带动）	主导地位（直接服务客户，拿到订单，辐射、带动产业链上其他服务企业）
话语权	无：公司拉动农户	有：农户带动公司
面向消费者	否：不了解市场	是：了解市场需求，直接服务用户
商品定价权	公司和消费者	消费者和农户
风险	大（被动地位、不了解市场、自然风险）	小（主动地位、了解市场）
创新	无：重复性生产、养殖	有：产品创新、设计创新、模式创新

续表

	“公司+农户”模式	“网络+公司+农户”模式
品牌	无：公司拥有品牌	有：网店、商品、店主
产品附加值	无：原材料或初级加工品	有：产品、品牌、服务
利润	微薄	大，自己掌控
产品	原始农牧渔林产品	不仅局限于农牧渔林产品，还包括多样化、个性化、差异化的工业产品
农户发展趋势	单一：依然是农户	多元化：农户、小公司、大公司

资料来源：叶秀敏，汪向东．东风村调查——农村电子商务的“沙集模式”［M］．中国社会科学出版社，2016.

（四）“沙集模式”的特点及创新

“沙集模式”的主要特点及创新之处具体体现在以下六个方面。

1. 以家庭为基本单位

沙集农民网商发展的一个重要特点是以家庭为经营单位。根据百度百科的解释：“农民家庭（农户）是农村中以血缘和婚姻关系为基础组成的农村最基层的社会单位，农民家庭既是一个独立的生产单位，又是一个独立的生活单位。”①

以家庭经营为基础，可以极大地激发农民的积极性。家庭成员共同劳动，风险共担、利益共享，体现了真正的“同舟共济”。另外，农村家庭拥有自主经营、“船小好掉头”的优势，网商可以随时根据市场需求，调整产品和价格。

沙集的农民家具网销业务大多数是以家庭为单位，最大限度地发挥家庭经营的作用。家庭在网店经营中扮演了重要的角色，网店的资金来源、网店的经营地点及加工场地来源、网店员工来源都依赖家庭。

在家庭人员分工上，年轻人通常负责网店经营，父母负责帮忙包装、打零活。从经营场地看，除了规模较大的网商租用宽敞的厂房，大多数网商还是在

① 资料来源：百度百科，http；/baike. baidu. com/view/822927. htm.

家从事网销家具的生产和经营。年轻人通常在房间里打理网店、服务客户、获得订单。家具生产则在自家的庭院里完成。随着规模的扩大，一些农户还逐步把自留地建成简易厂房。沙集镇农民网店的实践再次说明①，农村家庭经营可以和一切生产力水平相适应，它不仅仅是低生产力水平下的最佳选择，也可以与现代化大生产妥善地对接。

2. 核心网商是返乡创业的农民工

网店经营的核心主体是返乡创业的农民工。前几年，东风村农民到大城市打工的人数达到1500人。如今，这些农民工纷纷返乡，通过网销家具创业或就业。农民工通过在城市务工的机会，开阔了视野，通过参加工作技能等培训，积累了技术经验和创业资本，为回乡创业创造了必要的条件。尤其是外出务工大学生的返乡，更是提升了当地网商的整体素质水平，为网销业的更大发展提供了人才保证。创业者通过努力经营，开拓了沙集镇家具网销产业，带动了物流、木材等相关产业在当地的发展，推动了资金、先进技术等企业资源向该地区集中，有力地促进了村镇经济快速发展，推动了工业化、城镇化进程。

农民工返乡创业还大大拓宽了农村就业的渠道。就业是民生之本，是增加农民收入的关键。如果按每户雇用5.7个农民工计算，东风村就吸纳了上千名农民工进厂务工。家具网销业属于劳动密集型企业，这为当地富余劳动力的就地转移和增加收入提供了新的、广阔的平台。农民工返乡，还解决了“空巢”和“留守”等社会问题，促进了社会和谐。

3. 自发性是自上而下的草根特征

“沙集模式”的产生和发展，源于农民内在的自发性。而自发性正是网商涌现的源头。不管是发起者、复制者、转型者还是兼营者，都是受到内生动力的驱动，所有的经营行为都是自发自觉的市场行为，完全按照市场需求运转。事实上，当地政府并没有以任何行政命令手段进行干预。在相关机构进行的调查中，当问及初开网店的动机时，50.7%的网商认为是因为看好网店的发展前

---

① 刘化．必须重视家庭经营在农业产业化过程中的地位和作用［J］．湖北社会科学，2002（01）：37-38.

景，27.4%的网商是想尝试创业，22.6%的网商是想通过网店发财致富，14.5%的网商是看别人开就跟着学，14.5%的网商是希望找到一份可以养家糊口的工作，8.1%的网商是出于个人兴趣爱好。从以上数据不难发现，沙集镇网销业的产生和崛起完全是出自当地农民内生的、自发的想法和行为。

生态链上其他节点的企业的发展，同样是因为看好农民网商的发展前景，自发自觉地聚集到沙集镇，通过各自的服务，分享产业盛宴。于是，上百家家具生产厂、十几家物流公司甚至是村民们头一次听说的网络公司都在村里开花结果。恰恰是这种在价值规律支配下的内在利益驱动，使得沙集镇网商和产业链企业能够自发地寻找到最适合自己的生产经营方式，并且能够快速复制、合理配置资源、努力经营，最终营造出和谐、健康的沙集镇网销产业生态系统。

谈到“沙集模式”自发性产生的原因，有专家认为，电子商务环境日趋成熟，农民网络应用日益普及，农民通过网络做生意是必然的，也是发展的大势所趋。

4. 信息化带动产业化

网络销售催生了沙集镇家具产业的产生和成长，成为信息化带动工业化的典型。沙集镇原本没有家具加工业，也没有资金、木材、交通等资源和区位优势。通过几个农民自发开网店销售简易拼装家具，更多的农民参与模仿复制，出现了更多的网店，更多的大大小小家具加工厂应运而生，家具业从无到有。网销家具业带来大量的原材料、物流、零配件等的需求，于是其他产业元素陆续跟进，带动了产业链上下游的发展。在这一宏观背景之下，整个网销产业链和生态环境逐步形成。环境的完善激发了更多的农户参与网销家具业，整个网销家具业不断拓展，规模迅速扩张，推动了整个农村经济社会的健康发展。

“沙集模式”与其他农村电子商务模式有着本质的区别。“沙集模式”是信息化带动工业化，因而明显区别于其他几种农村电子商务模式。

5. 推动产业生态系统的建设

“沙集模式”以农民网商为核心，通过网店经营，带动了整个产业生态系统的产生和完善。在“沙集模式”中，农民开网店销售家具，不仅带动了家具的生产，还催生了物流、木材、零配件、网上服务商等产业链的发展，促进了供电、信贷等系统环境的变化。

可喜的是，整个生态系统从无到有，都是依靠自组织的力量演化成为一个健康的生态系统。最初，系统从单一的网店主体，自组织形成了包括物流、加工厂在内的产业链条，随后又纳入供电、金融、政策等环境因素，最终形成了一个互动的、良性发展的生态系统。

更可喜的是，在这个特殊的生态系统中，各个角色的自我定义更明确。在汇集了电信、电力、物流、银行等产业环节的座谈会上，各大服务商纷纷表示，在家具网销产业链条中，他们主要是两个定位：一个是“服务的提供者”；一个是“发展的受益者”。特别是政府的“不缺位、不越位”，起到了非常关键的作用。网商顺利发展的时候，放手让其发展；碰到问题的时候，帮助解决问题。

6. 具有可复制性

近年来，农民自发利用市场化的电子商务平台，不要国家投入一分钱，信息化应用的效果非常显著，形成具有特色的自上而下式农村电子商务。目前，农村电子商务有多种模式。比如，比较有影响力的是浙江义乌淘宝村模式、河北清河毛纺村模式、江苏沭阳花卉村模式。目前，自下而上的农村电子商务模式至少存在五种比较典型的模式。

（1）堰下村模式。这种模式出现在江苏沭阳县颜集镇，农民自发地在淘宝网上开店销售花木，网销规模占到总销售的1/3以上。这一模式的主要特点是针对当地的农副产品面向大市场开展网络营销，在原有生产结构改变不大的情况下，电子商务发挥了作为辅助销售手段的重要作用。

（2）东高庄模式。这种模式出现在河北省邢台市清河县，东高庄村75%的农户自发从事羊绒与制品的网络销售，年网上销售额超过100万元的有20多家，其中最大的年网上销售额超过1000万元。这一模式的主要特点是先工业化、后电子商务，当地农村的工业发展到一定程度后，再来利用网络销售发挥助推作用。

（3）青岩模式。这种模式出现在浙江义乌市，凭借比邻义乌小商品市场及货运市场的便利，一个1000多人的小村子引来7000～8000名外地人前来落户开办网店，销售小商品。这一模式的主要特点是充分发挥当地独特的区位优势，开展电子商务。

（4）沙集模式。这种模式出现在江苏省睢宁县，发源于东风村，农民自发在淘宝网上开店销售家具获得成功，网销细胞裂变式复制，拉动了加工制造、配件、原材料、物流快递等，形成网上销售3亿元以上的新的产业群。这一模式的主要特点是信息化带动农村的工业化和产业化。电子商务在“两化融合”中明显发挥了引领作用。

（5）柳城模式。广西柳城县蜜橘畅销，主要归功于当地农民对网络的应用。当地建立了“市场+‘IT农民’团队+农户”的供销模式。村民邬新春为有电脑的农户建立了一个QQ群，这个QQ群成为各种信息的中转站，群里每个成员都成了科技的指导员、天气的预报员、减灾防灾的发布员、价格的信息员。各种信息从网上获取，有效指导农民的产销。

浙江的青岩刘村也是有名的义乌淘宝村，网店红火的原因是这个村离义乌最大的货运市场——江东货运市场仅几步之遥，在那里既能迅速组织货源，又方便托运。河北的东高庄村电子商务的发展，得益于先前业已存在的羊绒加工业。2008年，该村第一家网店开办时，清河就已是全国最大的羊绒纱线加工集散地，而东高庄村又是全县最大的羊绒深加工专业村。同样，堰下村和柳城同样具有先天的传统花卉和蜜橘产品优势。在我国农村的很多地方，电子商务是在不改变当地生产结构的前提下，作为现有农副产品销售的辅助手段应用的。比如，农民在网上销售特产，卖枣、卖花、卖种猪。这是当前我国农村电子商务发挥作用的最常见的形式。在未来的发展中，仍大有潜力可挖。但因地理位置或者农产品资源所带来的发展农村电子商务的特殊优越性，在全国看来很难大面积复制。

相形之下，“沙集模式”的门槛更低、可复制性更强。“沙集模式”的珍贵在于，它不像一些发达地区，网店是在相对发达的产业集群上发展而来的，而是完全由电子商务直接催生了本地的主要工业。沙集现在的这个家具行业可以说是从无到有，靠信息化带动起来的。网店兴起之前，沙集镇没有任何资源优势：没有任何地理位置优势，没有任何特色农产品，没有任何成规模加工业。然而，就是在这样一个“四无”地区，造就了一个年销售3亿元的家具网销产业。这说明，农村并不一定非要等到工业化完成之后才可以实行信息化，而是可以采取信息化带动工业化的方式，快速发展农村经济。

（五）“沙集模式”的意义

网络时代，草根创新迸发出强大的生命力，通过网销，创造并培育了一个全新的产业生态。“沙集模式”代表了一种先进生产力的发展方向，显示了中国农民的伟大创造精神，具有鲜明的时代特征和划时代的重要意义。“沙集模式”的意义具体体现在以下几个方面。

1. 探索出一条行之有效解决“三农”问题的新路

“三农”是我国经济发展、社会发展全局的基础，也是国家发展战略中的重中之重。中央连续8年的一号文件，都是讲“三农”问题。这一方面凸显了党中央对“三农”问题前所未有的重视程度，另一方面也表明解决“三农”问题的难度非常之大。

我们现在沿用的解决“三农”问题的基础，还是在改革开放之初奠定的。虽然政策面进展很多，但是这些政策的基础结构层面40年来并没有多大变化。这个基础结构就是“公司+农户”。农户这方面以小岗村为代表，它改变了过去“三级所有、队为基础”的农村集体公有制的结构，分田到户，在基础结构上、在制度上发生了根本改革，从而大大调动了农户的积极性。

进入20世纪80年代，国家开始研究如何把“统”的优越性和“分”的优越性有机结合起来，“双层经营”的结构的直观说法就是“公司+农户”。这种经济结构沿用了40年，一直沿用到今天。

然而，在人多地少的国情条件下，“公司+农户”遇到了难以克服的挑战。比如，劳动者转移或农民就业的问题，农村的经济发展问题，农民收入提高的问题等。我们在这个结构的基础上探索了很多的办法，虽然取得了一定的成效，但还有一些困难很难逾越，比如农民工问题。在中国，每到过春节的时候，亿万农民工在全国范围内的大迁徙、大流动，带来了巨大的社会压力和社会成本。农民工平时在城里的安置、子女教育、社会保障，还有农村“空巢”带来的一系列问题等，无论是农民自己，还是国家的公共管理，为此所付出的代价都是非常大的。我国也曾试图探索以农民“离土不离乡，进厂不进城”的办法解决农村劳动力转移问题。但是，以农户家庭为基础的小生产和大市场的对接始终是一个难以逾越的障碍。“公司+农户”的结构，仍不足以让农村经济容纳这么多的劳动力。

另外，在过去“公司+农户”的结构下，农户往往是被公司牵着鼻子走的弱势群体。公司控制农户，与农户争利的一个重要原因就是信息不对称。市场信息大部分掌握在公司手里，在和公司建立经济联系的过程中，农户信息弱势造成市场弱势的情况是常见的事实。这是“三农”问题经常要碰到的大问题。

沙集镇以往招商引资搞工业，规模很小，顶多带动了几十人就业，还有严格的年龄限制；而搞电子商务，短时期内规模就达到3亿元，不仅使镇里实现了充分就业，还需要从城里招工补充人手不足，很短时间就使当地的经济面貌焕然一新。

“沙集模式”带来了结构性的变化：它在“公司+农户”的基础上加了“网络”这一大要素。农户在自己家中，通过市场化的公共电子商务平台，可以直接去对接市场。这就为解决农民信息弱势不对称问题找到了一个新的突破口。并且，供需双方无须经由第三方中介，这是以最直接的方式从根本上解决信息不对称问题。由于减少了中间环节，产品定价更低，买卖双方互相受益。

中国社科院农村发展研究所所长张晓山认为，“沙集模式”具有革命性的意义，在于它改变了农民的信息获取模式，改变了农民的市场地位。在“公司+农户”的模式中，农户对市场信息一无所知，对原有市场的产品定价没有任何权利，农民被公司所支配，处在典型的弱势地位。“沙集模式”彻底改变了农民在市场中的角色。农民通过网络寻找需求、订单，然后有目的、有方向、有意识地发展产业，产品适销对路。因此，从农民所处的市场地位来讲，农民能够掌握自己的产业方向，能够自主确定生产产品的数量和价格，最终能获得更多的就业机会，能获得更多的收入。

网销业带动了家具业的兴起，推动了传统废旧塑料回收业的转型。农民在家中就业创业致富，农业生产方式发生了翻天覆地的改变，农民实现了充分就业，还需要从城里招工补充人手不足。农户收入增长，生活改善，家庭幸福，社会安定和谐。农民上网，增加了信息获得渠道和学习机会，无形中开阔了视野。农民素质的提高，反过来又促进了村镇管理，促进了城乡和区域的协调发展。

“沙集模式”的经济社会影响意义深远，它为在信息网络时代解决“三农”问题提供了一个新的方向。对比“公司＋农户”和“网络＋公司＋农户”两种模式，二者在解决“三农”问题中的作用各不相同。表4－2从农业生产方式转变、资源配置、解决市场矛盾、降低风险、改变经济发展二元结构、提高农民就业率、提高农民收入和促进农村社会和谐几个角度分析两种模式对解决“三农”问题作用的差别。

表4－2　两种模式对解决“三农”问题作用的比较

模式/作用	“公司＋农户”模式	“网络＋公司＋农户”模式
农业生产方式转变	用工业化带动农业化生产，部分解决农产品销售问题，仍然是传统农业生产方式	农业信息化带动工业化，发生历史性变革
资源配置	推动生产要素流动效果不明显	有利于生产要素在城乡之间、工农之间双向流动
解决市场矛盾	仍然面临小生产与千变万化大市场的矛盾	解决千家万户小生产与千变万化大市场的矛盾
降低农民在市场经营中的自然和市场双重风险	部分降低市场风险，不能降低自然风险	可以根据市场情况快速调整，降低双重风险
改变经济发展二元结构，加速城乡一体化进程	无实质性效果	催生产业链，推动城乡一体化进程
提高农民就业率，解决剩余劳动力	吸引部分就业，略有缓解，没有实质性解决	就地解决，还吸引外来人员
提高农民收入	略有增加	大幅度增加
促进农村和谐	没有实质性效果	效果显著

资料来源：叶秀敏，汪向东．东风村调查——农村电子商务的“沙集模式”［M］．中国社会科学出版社，2016.

2. 为转变发展方式提供了一条可借鉴的途径

“沙集模式”的出现，直接改变了当地的产业结构。东风村在网销业兴起之前，是一个名副其实的“破烂村”，废旧塑料回收加工是当地的支柱产业。但是，废旧塑料产业在增加农民收入的同时，也带来了非常严重的环境污染问题，而且塑料颗粒的价格随着国际行情的变化非常不稳定，经营风险极大。看到家具网销市场的发展前景，废旧塑料企业源源不断地转型。而这种变化恰巧和党的十七届五中全会提出的调结构、转方式的要求相符合。

对“沙集模式”的研究非常有意义，对国家制定科学的农村发展战略决策具有重要的参考价值。“沙集模式”实际上是发挥了一个没有地界，甚至没有国界的网络市场在配置资源当中所起的积极作用，实现了当地产业结构的调整、相关产业的发展及资源的优化配置。另外，“沙集模式”也是一个跨越式发展的范例。它没有走传统的工业化再到信息化的道路，而是先信息化，然后再工业化，这对我们很多后发达地区的发展很有启迪。最后，感触最深的是，改革以来所有创新都是源于基层、源于草根，“沙集模式”也不例外。所以，中国的改革和发展要靠基层的创新来开路，最后形成上下联动的改革与发展战略。由此可见，“沙集模式”将为我们提供有力的启迪。

3. 为推动我国信息化建设提供了新视角

信息化带动工业化快速发展，实现“两地融合”，这是国家战略的重要内容。十七届五中全会又提出深化“两地融合”的要求。在农村信息化方面，国家花了很大力量来推动，但依然困难很多、成效不大。它要解决的问题是小生产和大市场的对接，解决的思路是自上而下地推动信息化。他们都碰到了“信息化不等式”的挑战。

所谓“信息化不等式”，是说能力不等同于应用，应用不等于实效。这些年，农村信息化建了大量的“能力”，但是应用怎么样？“建”和“用”的矛盾很明显。注重能力建设的初衷，是向农民提供信息。但是，农民在很多情况下并不接受，应用效果也不十分理想。

回头再看“沙集模式”。农民需要的信息不是先经过自上而下的系统才达到农民那里，而是农民自己直接和市场去对接，直接和买家去商谈。农民对接的结果，是拿到了鲜活、有价值的信息，并且实现了交易。这样一来，信息化的应用和效益一下子就凸显出来。信息化不仅仅拓展了销售，还催生了一个全新的产业——家具网销业的蓬勃发展。

4. 对发展地方经济，提供了一条新的思路

这些年，发展地方经济，特别是发展县域经济，从全国来看，一个重要的思路就是通过招商引资，特别是希望通过引进重大项目拉动地方经济，加快发展。可以这么说，它代表了改革开放政策的一个非常重要的成果。但是，我们要看到，今后这样一个发展思路，会越来越难走。尤其是强调项目上规模的招商引资，现在是越来越难。由于目前国内招商比吸引外资招商相对难得多，在这种机制下，地方政府招商引资的筹码越来越少，像土地资源和税收减免优惠等政策也不可能是无限期的。况且外来项目在当地要真正落地生根，还需要很长的路要走。

再看“沙集模式”，由于是靠本地内生的驱动力，由农民自发起来的经济发展模式，网商的发展项目就算向国家要政策，他们所用公共资源的性价比也极高，远远高于传统的招商引资方式。“沙集模式”对公共资源的索取很少，为地方经济发展的贡献却很大。特别可贵的还有它的内生性，农民网商的根就在这个地方，父老乡亲一起去抵御风险。这是它内生的价值，从中会长出更强的生命力和带动力。

“沙集模式”为纠正长期以来电子商务不适合农村的偏见，提供了一个非常有说服力的现实例证。其意义影响深远，为我国很多落后地区如何借助当地丰富资源，大力发展农村电子商务，实现农民的增产增收，解决“三农”问题，实现落后地区经济增长方式的转变，提供了一条值得借鉴的路径。

（六）沙集模式面临的挑战

目前，沙集家具网销业已经粗具规模。但是，沙集网销业的持续、健康发展却面临瓶颈问题。突出表现就是：缺少龙头企业；产品同质化竞争；砸价现象时有发生；产品质量隐患；品牌和知识产权保护；等。

1. 缺少龙头企业，项目建设生产水平整体不高

沙集网销业整体水平不高，缺少有带动作用的龙头企业。沙集网销农户虽然数量众多，但这些网店成立的时间都不长，将近 70% 的农户没有实体加工厂，仅仅有虚拟的网络商店。绝大多数农户的加工厂还没有摆脱家庭作坊模式，离现代规范化工厂相距甚远。目前，沙集网销业还没有一家成规模的龙头企业能够对其他企业发挥号召力和引导作用。

2. 存在同质化恶性竞争现象

“沙集模式”快速普及的重要原因是简单相互模仿、细胞裂变式快速复制。很多网店没有自己的设计和产品，而是直接拷贝其他网店的照片。一旦有订户下订单，就到其他网店拿货。有的网店为了扩大销售规模，争取信用额度，不断压低价格进行市场推广，使得拼装家具市场的价格一降再降。价格下降缩减了利润空间，个别网商迫不得已选择劣质木材作为原料。结果，产品质量整体下滑，影响了沙集品牌的信誉。

3. 缺乏人才，尤其是高端复合型人才

人才成为制约网销业发展的重要因素之一。在针对东风村的网商调查中发现，人才是制约网店发展的重要因素之一。当前，面临的人才主要困难有：缺少人才、人员流动性太大、员工培训难、员工素质低。

4. 知识产权问题存在隐患，缺少自主品牌

虽然一些大的网商开始注册公司、申请商标、设计原创家具，但是大部分网商仍然处在低水平模仿阶段，缺少自主品牌。由于知识结构和成长经验所限，大多数网商并不了解有关知识产权方面的知识，不具备全面的知识产权意识，网商经营中一定程度上存在侵犯商标权、专利权等隐患。

5. 缺乏区域性战略布局

沙集网销业务通过自发式产生、裂变式发展，已经形成一定的规模。但是，未来如何发展，还没有整体发展规划和思路，包括缺乏整个沙集镇网销业的发展战略、区域合理化布局、品牌建设和现代化管理设想等。目前，沙集镇网销业整体发展水平还比较低，区域内分工体系还未形成，离专业化生产、一体化经营、社会化服务、企业化管理的发展目标还有一定的差距。

6. 配套服务环境需要继续完善

在调研中还发现，网商对电信服务、供电服务有一些意见。比如，接入宽

带困难、宽带价格高、稳定性差；针对供电业，工业用电申请难；针对金融行业，贷款难、贷款金额少、周期短、流程复杂；针对物流行业，物流费用高、服务差；针对村镇政府，网商们建设厂房产生大量的用地需求无法得到满足；针对淘宝网平台，希望制定更明晰的交易规则，给予农民网商更多的培训和优惠政策。

7. 政府受传统工业观念的制约

沙集镇网销业快速成长的另一个重要因素是当地政府对网销业“不越位”“不缺位”的扶持。但是，仍然有一些领导干部对农民网销业持漠然态度。在我国很多地市，为了发展地方经济，都在走“招大引强”的招商路子，主攻工业大项目和配套产业项目，资金也是向大项目汇集，政策向大项目倾斜，甚至是基层领导业绩考核也是以招商引资的数量和规模作为考核指标。这种传统工业化的发展思路，不利于发展网商和形成集群效应，不利于鼓励新事物涌现和成长。

（七）小结

回顾“沙集模式”发展初期，一些人对“沙集模式”持质疑和不屑的态度，怀疑“沙集模式”的可持续性和可复制性。历经10年的风风雨雨，“沙集模式”不但完成了破茧成蝶的蜕变，还在全国范围内播种、生根发芽，引领全国农村电子商务的发展。如今，沙集镇产业兴旺、人才聚集、生活幸福。展望未来，沙集将聚焦完善教育和医疗等公共服务，为网商提供更宜居宜业的发展环境，吸引更多的资源留在沙集，推动“沙集模式”继续发展壮大。“沙集模式”的创新和发展正在继续，期待“沙集模式”下一个10年更加辉煌。

二、“遂昌模式”

（一）“遂昌模式”的内涵

“遂昌模式”就是以本地化电子商务服务商作为驱动，带动县域电子商务生态发展，促进地方传统产业，尤其是农业及农产品加工实现电子商务化，

“电子商务综合服务商+网商+传统产业”相互作用，在政策环境的催化下，形成信息时代的县域经济发展道路，如图4-3所示。

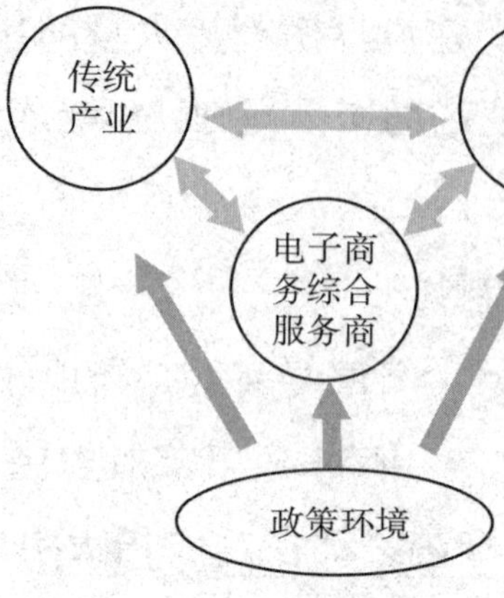

图4-3 遂昌模式示意图

资料来源：阿里研究院官网.

遂昌本地的电子商务综合服务商，主要是指具有社团属性的遂昌网店协会和企业性质的遂网公司的综合体；电子商务生态是指由网商、服务商、供应商、消费者及社会环境共同构成的共生进化系统；地方传统产业的电子商务化，包括遂昌中小企业（主要是农产品加工及旅游服务企业）或农民专业合作社自己办网店开展电子商务，也包括它们借助服务商平台，使其产品对接电子商务大市场；政策环境包括软硬件两个部分，既有遂昌对于基础设施的长远投入，也有对电子商务发展的支持与服务。其中，本地化电子商务综合服务商是“遂昌模式”的核心，网商是“遂昌模式”的基础，传统产业是“遂昌模式”的动力，而政策环境则是“遂昌模式”的动力和催化剂。

（二）“遂昌模式”的特点

1. 本地化电子商务服务商是“遂昌模式”的核心

在“沙集模式”中，网商成为县域电子商务发展的核心，草根网商自发长成，从无到有催生了当地服务商及相关产业链的形成，服务商发展后又反哺电子商务发展；在高碑店（白沟）、舒城、安溪等地，在当地具有产业传统的中小企业，发挥草根优势，依市场选择自发变身网商，甚至进阶服务商，完成传统产业的电子商务化，促进传统产业的持续发展；而在遂昌，以遂网公司为主体的服务商，一方面帮助网商成长，另一方面促进传统企业电子商务化，尤其是帮助农户和合作社对接电子商务渠道，使当地的产业（尤其是农业）通过电子商务而受益，这些反过来又促进了当地电子商务生态的完善，也拉动了当地的网上消费。如图4－4所示。

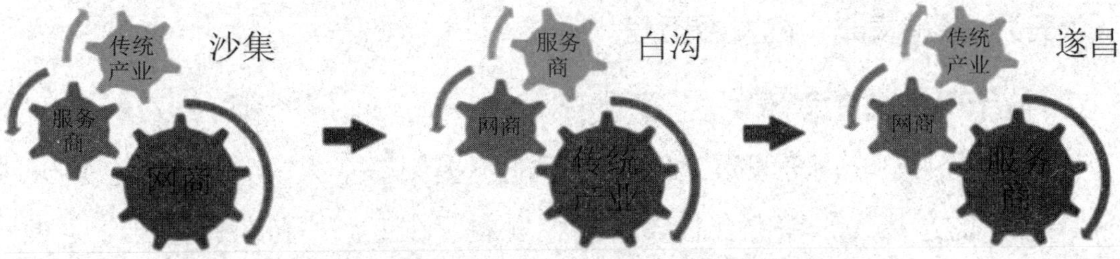

图4－4　从“沙集模式”到“白沟模式”，再到“遂昌模式”

资料来源：阿里研究院官网.

2. 政策环境为“遂昌模式”提供加速条件

在工业经济时代，我国县域经济发展曾有两个重要模式：“苏南模式”通过发展乡镇企业，走了一条“先工业化再市场化”的发展路径，其中政府实行超强干预；“温州模式”则通过发展个体私营业、通过市场化来促进工业化，其中政府的定位则是“无为管理”。

随着信息时代的到来，我们又看到以“沙集模式”为代表的县域经济发展模式：在农村经济中，信息化带动产业化，产业化再促进信息化。“沙集模式”的产生同样源于网商的自组织行为。

“遂昌模式”与上述不同，政府部门在协会成立之初，就开始为电子商务发展提供有效的服务，从硬件设施的投入到政策等软环境的建设，为遂昌电子商务和服务商发展提供了有益而必要的扶持和引导。在遂昌，有为的政策环境营造包括四点：一是以市场为基础，在尊重市场规律的基础上发挥政府的引导作用；二是以创造市场发展的良好外部环境为目的；三是以规划为主要引导手段，不再干预电子商务中具体的经济活动；四是以服务为政府工作的基本内容，不是通过居高临下的管制和行政力量来体现政府行为。

实践证明，不管是“苏南模式”还是“温州模式”，都与当时当地的社会或经济发展条件相适应，也均推动了各自县域经济的发展。“沙集模式”的自组织发展，也是电子商务作为新生事物不为了解的原因。但到了沙集 2.0 阶段，当地政府已经开始有为地营造良好的政策环境，沙集电子商务也迎来了新的发展。因此，在电子商务发展的外部环境建设方面，政府的有所作为能够为其提供加速发展的条件和保障。

（三）“遂昌模式”的发展历程

1. 游子归乡建协会

提到遂昌的电子商务发展之路，就不能不提到一个人——潘东明。潘东明是土生土长的遂昌人，在家乡长大后离乡发展，在上海一待就是十几年。他一直从事管理咨询行业，还开了自己的公司，平日工作繁忙，这些年来很少回到遂昌。然而，2010 年前后，家乡的变化逐渐吸引了他的注意。自 2006 年起，遂昌的一些当地人开始将本地的竹炭产品搬到互联网上销售，并吸引了一批效仿者，有一些人经营得已颇为不错。潘东明在家乡的很多朋友也打电话给他，谈自己的电子商务生意，甚至有人三番五次邀请他回乡成立一个电子商务同业协会，共同从事电子商务。这些乡亲们都是在电子商务中看到了诱人的商机，却也感到独步难行，渴望团结起来做大做强。

恰逢此时，遂昌电子商务的萌芽吸引到包括遂昌县团委、县工商局和县经贸局在内的当地政府机构的注意。遂昌县团委看好其中的潜力，也打算建立一个电子商务管理组织，便于 2010 年年初筹办了一个研讨会，请各界朋友共谈电子商务发展。潘东明以一个嘉宾的身份参加了活动。这是他第一次近距离了解家乡的电子商务发展情况，却立刻被深深打动了。潘东明敏锐的商业嗅觉告诉他，对于遂昌这种没有抓住工业化发展机会的地区，信息化时代是一个重大机遇。同时，他很庆幸，在这么偏远的遂昌，能有这样一批人，他们不仅从事电子商务行业，还不计一己私利，把自己的经验传授给更多人，共同致富。基于多年在外闯荡的经验与阅历，潘东明当场热情分享了自己对于如何经营电子商务组织的一些想法，令一众早已进行尝试却一直不得其法的同乡耳目一新、大为佩服。而在会议结束时，潘东明被众人选举为遂昌网商协会的会长。

潘东明原本并未打算回遂昌，也并未打算从事电子商务。但他意外成了会长，并被许多人寄予期望，他感到自己有责任和乡亲们一同把电子商务做好。

随着网商协会的成立，他首先成立了一个理事会来主持工作，并确定了两个原则。一是没钱，即协会没有经费，除了工作较多的协会秘书长有象征性的工资外，其他人全部义务劳动，甚至倒贴钱。二是要做事，协会要致力于网商服务。不仅明确协会长期要做的种种事项，更明确了协会创立伊始要专注的工作：发展网商数量。

2. 大力普及电子商务经

专注于发展网商数量，是遂昌网商协会做出的首个战略性规划。尽管当时的遂昌零星出现了一些当地网商，但毕竟数量有限，无法形成气候。协会曾试图对很多企业老板晓以大义，希望他们能帮助网商创业，提供更优惠的价格。但是在商言商，没有足够的商业效果，仅靠情怀是远远不够的。潘东明看到这一点，决定首先发展网商数量，大力培育遂昌当地的网络销售渠道。只要拥有好的渠道，供应商自然愿意配合。

本着这样的目标，遂昌网商协会自 2010 年创立伊始，就组织了一年的电子商务技能培训，教授农民如何开网店。培训活动每月进行至少一次，十个月下来举办了十几场，规模大的有数百人参加，小的也有几十人参加。

组织这么多的培训，不仅需要决心，更需要庞大的资金资源来解决师资、经费、场地等开销。一次大型的培训至少需要五六万元的投入。一个完全没有钱的网商协会，如果要解决这些问题，就必须借助当地政府的大力支持。协会培训主要分为大型和小型两种。小型的培训主要请协会内部的志愿者讲师义务做讲解。大型的培训活动一年进行四五次，邀请协会外部的专业老师主讲。这既需要付给讲师费用，也需要准备场地。协会除了有团委的帮助，在实施过程中积极寻求同当地的人事部门、农业部门、工商局等政府部门合作；协会则出力，负责整个活动的组织策划。场地往往是协会与团委一起借来的。每场培训会的工作人员都是理事会的志愿者。

通过这样的做法，众多农民的电子商务企业热情被点燃，他们迅速开启网店卖起身边的农特产品。短短一年的时间，遂昌的网商数量从原来的两三百家激增至将近一千家。这种做法很快受到了众多专家的赞誉，新华社、《人民日报》等媒体也进行了报道。一方面，对比很多乏人问津的职业技能培训，遂昌网商协会的网商培训场场火爆，明显切中了当前社会的迫切需求。另一方面，遂昌网商协会的成员们不拿报酬、无私奉献、造福乡亲的精神也令人动容。遂昌网商协会这一年的实践也为后来众多地方政府参与农村电子商务起到了表率作用。在后续的发展中，遂昌网商协会与当地政府紧密合作，建立了网商孵化基地，提供了包括开店指导、美工设计外包在内的综合性网商服务，进一步强化了网商协会的推动作用。

3. 集中打造供应链

2011 年，随着协会培养起了大批网商，潘东明发现了新问题：很多受训的网商虽然懂得了开网店的知识，却无法解决产品来源的问题，因而依旧没有人从事电子商务。这是因为，大多数人不知道卖什么，找不到供应商，进货没有任何价格优势，也没有足够的启动资金向供应商进货。一旦涉及供应链，这些形形色色的具体问题往往不是一个普通农民网商可以独立解决的。乡亲们纷纷向协会求助。然而，自建仓库需要大量资金的投入，需要自负盈亏，却没有任何现成的运营模式可供参考。想到众多乡亲们的需求，想到先前的努力不能白费，协会的理事们又注册了一家公司，决定摸索进行供应链服务。没有运作费用，理事们一起凑了七八十万元启动资金。想不出盈利模式，只好从其他行业借鉴。最终，潘东明决定学习麦德龙的经营模式——仓储式超市。仓储是为了满足网商服务的需求，从供货商处大批量低价进货，再原价零售卖给网商协会的会员放到网上销售。而超市则是出于商业性的考虑，希望能获得一定的盈利，从而补贴仓储成本，让这个公司成活时间更长一点。为了让这个模式通俗易懂，潘东明还特意给这个仓储式超市起了一个听起来有点“山寨”的名字：麦特龙（Mystore）。

可喜的是，仅仅经过七周的时间，麦特龙就实现了盈利平衡，不仅顺利存活了下来，还逐渐成为当地农村电子商务上下游产业链的重要平台。对上游，麦特龙集结筛选了遂昌当地的特色农产品（图 4 - 5），并整合对接了生产这些产品的 200 余家供应商，并通过这个平台对产品进行展示、分销，从中抽取提成。不仅如此，麦特龙还实现了对供应商的反向管理。首先，麦特龙可以发掘尚未被电子商务化的当地农特产品，或基于大数据寻找热点产品，同供应商共议生产计划。例如，潘东明找到了当地种植特色红提的农村合作社，主动提出要将红提包装成产品销往全国，并取得了成功。其次，麦特龙可以基于自身对电子商务市场的深度认识，指导供应商的经营思路、优化产品的设计与开发，甚至为有需要的农产品供应商提供从文案、卖点到包装的全方位免费设计。例如，有些商品原本只有大包装的规格，单价高，在市场上很难流动。网商协会和麦特龙的工作人员就会与供应商沟通，提出关于产品的包装、规格与销售价格等方面的建议。因此，许多供应商提出了有关产品的小包装、规格与销售价格方面的建议。许多供应商开始进行产品的小包装和多样化，使得在网上的销售变得更有竞争力。最后，麦特龙可以基于自身影响力，与供应商携手进行产品标准的制定与完善。总之，麦特龙这一平台实现了特色农产品的发掘、开发工作，并通过大仓储和集体配送解决遂昌零散农户在电子商务化中供应链上的短板，使当地农产品可以卖得更快、价格更好、辐射到更远的地方，实现农产品的商品化。

图4－5　遂昌特色农产品

资料来源：遂昌官网.

而对下游，麦特龙依托遂昌网商协会，整合了众多会员网商，零利润为会员提供各种服务。充分的供应商资源为会员提供了价廉质优的货源选择，自建的分销平台和仓储配送中心可以帮助会员们集中完成仓储、发货，促进产品流通。这一系列服务，配合遂昌网商协会对于会员的管理，使得遂昌网商协会的会员网店不仅在销售业绩上有了可观的发展，并且其交易诚信度普遍高于淘宝全网平均值。

麦特龙的成功让潘东明意识到，正在尝试的模式对于未来是具有引导意义的。来考察的淘宝高管、中国社会科学院的专家也支持他的想法，认为遂昌网商协会做了一件非常小，但是非常前沿的事情，是破解农产品走向电子商务的一个具有创新性的思路。在这之前，农村合作社只解决了农产品组织化生产的问题，却没有解决农产品走向市场的问题，其他地方也没有形成一个组织化的模式做到这一点。潘东明更加坚定了在这条助力农村电子商务的路上走下去的决心。

4. 打通网商与供应链服务

在麦特龙的基础上，潘东明成立了遂网电子商务公司。一方面，公司化运营可以进一步加强网商培训及供应链管理方面的能力，并打通网商服务与供应链服务，打造全流程“一条龙”的平台。

2012 年，遂昌县政府应势顺时，将电子商务定位为山区生态经济重要的产业支撑，进一步着力推动农村电子商务的发展。在这样的背景下，2012 年 5 月 17 日，遂昌县人民政府与阿里巴巴集团淘宝网签订战略合作协议，成为中国首个网商线下安全保障机制试点县。遂昌县人民政府为当地的电子商务发展背书，而遂昌网商协会和遂网电子商务公司则与政府紧密合作，是推动落实当地电子商务发展的关键实体。在合作协议签订后，淘宝、政府、协会三方立刻开始筹建淘宝网上首个“特色中国”县级馆，并于 2013 年 1 月 8 日正式建立“遂昌馆”。这就突破了以往只有在省一级建馆的设计。这一系列创新性举措受到了全国媒体、专家、学者的广泛关注，包括中央台、新华社、中新社在内的众多主流媒体都来遂昌进行采访报道。而淘宝发布的以遂昌经验为典范的中国首部农产品电子商务白皮书还得到了汪洋的回复及指导性意见。

5. 农村生活新定义

经过近三年的耕耘，遂昌网商协会与其下属公司在推动当地农民网商发展与农产品电子商务化、商品化方面逐步走上了正轨，遂昌的网商们已经享受到了互联网带给他们的机遇。但潘东明并未满足于此，他和同伴们注意到，遂昌农民取得了可观的收入，也有越来越多的消费需求，但是由于基础设施的落后，生活依然十分不便利。如何能够让更多的遂昌百姓享受到互联网与电子商务发展的红利，仅仅靠打通产品的流出渠道还不够，还需要打通产品流入的网购渠道。

发展农村网购的挑战是多方面的，既有观念方面的因素，如农村居民普遍文化水平较低，老年人多，对互联网的接受程度不高，也有农村基础设施薄弱的因素，如计算机宽带网的普及程度与农村物流体系建设相对落后。为了能一次性克服这些障碍，潘东明萌发了建立农村电子商务服务站的想法：“这个服务站，要能满足农民传统赶集和逛街的要求。对，就叫‘赶街’。”

2013 年年中，遂昌网商协会在与遂昌县的组织部、团县委进行密切沟通，并与淘宝网深度合作的基础上，设计完成了“赶街”的整体方案并在遂昌较为偏远的村子开始设点运营。一个“赶街”网点的标准配置是一台电脑、一个 29 英寸的显示屏和一位服务人员，提供多种与电子商务相关的便民服务。

“赶街”网点最核心的服务有三方面：一是网上代购服务。服务人员都会接受如何开通网银，如何使用支付宝进行在线支付、如何在线挑选商品等方面的培训。不会进行网上购物的村民可以直接找服务人员帮忙下单支付，一样可以享受到电子商务的便利。二是网上代卖服务。以前，农民每三个月赶一次集，大好的土特产只能低价卖给身边的人。现在，服务站可以对这些产品信息进行收集，由协会的专业人员进行包装，并在网上销售，直接帮农民把产品以更好的价格卖到城市里去。三是农村物流服务。过去，物流服务几乎是无法到达农村的，村民只能到很远的县城去取邮包，费时费力，或者交 30 元等待 EMS 每周一次的“快递”。这样的物流条件显然不能适应电子商务的需要。而服务站基于前两点形成的双向供需流动，通过外包当地物流公司或自建物流的方法，让电子商务物流直接进入村庄。农民只需付几元钱，就可以享受到快速、便捷、安心的村级物流服务。他们通过“赶街”网点购买的东西也会统一寄到相应网点，收货更加方便。在这三方面基础上，“赶街”服务站还提供代缴费、信息查询等各类附加服务，极大地方便了当地居民。

“赶街”刚开始试点运营，就取得了惊人的效果。在试点村之一的王村口镇试运营的第一个月，全村不到 20 户人家，就通过代购服务进行了近 80 笔网购，涉及品类丰富，总金额近万元，且网购这些商品据估计能为村民节省三四千元。这足以显示“赶街”确实切中了农村居民对电子商务服务的迫切需求。

而正式推广之后，“赶街”更是很快以破竹之势席卷遂昌的各个村庄。正如潘东明所说，“赶街模式”标准化之后，可以“让农村电子商务跨越年龄、没有门槛，让村民能够自由参与电子商务买卖，让每一个人都能触网”。遂昌县政府也对“赶街”给予了高度重视和支持，并制订了长期的服务站铺设计划。

遂昌的电子商务人并不满足于已经取得的成绩，他们还在不断做出新的探索。比如，借助互联网组织遂昌的生态旅游和媒体推广。青山绿水给了遂昌人绝佳的生态环境与最原生态的产品，这些大自然的赏赐在遇到了基于互联网的销售方式与营销手段后，终于成为遂昌人取之不尽的财富宝库。潘东明说：“信息对等让大家站在了同一起跑线上，让村民做了以前想都不敢想的事情。遂昌幸运地抓住了先机。”相信遂昌在未来还将红红火火地继续开展农村电子商务的道路，创造出更多的传奇。

（四）“遂昌模式”的意义和挑战

1.“遂昌模式”的意义

遂昌的草根创新在互联网的条件下得到激活，创造并培育出了一个崭新的产业生态。它代表了当前风起云涌的县域电子商务的一种有益尝试，显示了县域经济和电子商务相结合的广阔前景，具有重要的借鉴意义。

“遂昌模式”的可贵之处在于，它不像一些发达地区，电子商务是在当地发达的工业产业集群基础上发展起来的，而是由电子商务催生了当地农产品网商，并带动了特色农业的发展。对于相当一部分以农业为主要产业的县级区域来说，遂昌电子商务的成功具有示范意义，对于农产品电子商务的普及推广意义十分深远。

“遂昌模式”具有较高的可复制性。“电子商务综合服务商 + 网商 + 传统产业”的模式，在许多地区具有可复制的可能性。我们已经看到，在安徽宁国等地，“遂昌模式”的种子已经生根发芽，显示出了其模式的可复制性。以“遂昌模式”为代表的县域电子商务，有望迎来一个新的发展高潮。

“遂昌模式”的意义主要体现在以下几个方面。

（1）“遂昌模式”是农产品电子商务的新尝试，农业是“三农”问题的重中之重，农产品则是农业的核心，发展农产品电子商务对于促进农村地区经济发展、改善农民收入、促进农业产业升级具有重要意义。

与以往政府自上而下主推的农村电子商务不同，“遂昌模式”是一次自下而上、自发投入、依托第三方平台所进行的电子商务活动。究其原因主要在于，2005 年以来，国家推动新农村建设，配套出台了包括信息化在内的一系列政策，促进了社会力量的跟进；以淘宝为代表的第三方平台获得了长足发展，海量卖家和买家的云集使得农民可以直接对接市场；中国互联网发展到今天，已进入从城市拓展到农村的发展阶段。

“遂昌模式”在通过网络销售农特产品尤其是生鲜农特产品方面积累了非常有价值的经验，对于全国其他县域开展农产品电子商务，促进农业升级，具有重要的参考价值。

（2）“遂昌模式”是县域经济发展的新途径，县域经济是连接国家宏观经济与基层微观经济之间的重要环节，它不仅构成了国家宏观经济发展的基石，在解决区域性的“三农”、城镇化、产业结构调整和社会管理等问题中也发挥着越来越重要的作用。同时，县域经济发展也存在着县域产业“低、小、散”，尚未形成良好的产业生态，资源环境压力大等问题。在信息时代，电子商务经济为发展县域经济提供了新的思路。在遂昌，通过政策环境的引导与催化，以电子商务综合服务商为核心的服务驱动型县域电子商务发展新模式逐渐形成，成功促进了当地农业、服务业的快速发展，也拉动了当地内需，给发展县域经济赋予了新的内涵。

“沙集模式”中依靠农民的动力实现快速发展，“遂昌模式”依靠服务商与平台、网商、传统产业、政府的有效互动，构建了新型的电子商务生态。这两种模式的结合和取长补短，其实就使农村电子商务各类主体形成合力，可为县域经济提供有益的启示。

2. “遂昌模式”的挑战

（1）农产品的可持续发展，遂昌农产品之所以在网上受到欢迎，同当地的自然环境密不可分，如高海拔、多雨湿润等。自然环境的不可复制性对遂昌而言既是好处，也是挑战。好处是当地农产品具有品质上的优势，挑战则是未来产能不能随着需求增加而等比例扩充。同时，从事农特产品销售的网商规模目前也存在瓶颈。遂昌经营农产品的网商，年销售额普遍在500万元以下，这一方面同网商自身经营的能力有关，另一方面也和产品有关，土特产消费者相对来说是小众用户群，其增长有赖于网络口碑和线下拉动，相对服装、家居等类目来说，形成大交易规模网的难度更高。

（2）农产品物流的挑战，物流一直是制约农产品电子商务发展的桎梏之一。部分农产品受限于物理属性，存在难以运输、保质期短等特点，生鲜农产品更是如此。遂昌“土猪团购”就曾面临物流难题，虽然可以通过保鲜措施、中短途运输得以解决，但销售范围仍然比较局限。未来，农产品物流难题的解决，有赖于更多专业化物流服务商的崛起。

（3）未来竞争者带来的挑战，“遂昌模式”的初期成功，离不开遂昌网店协会的规划运营、政府的合理服务和第三方电子商务平台的支持，同时也与其先发优势密切相关。随着农产品电子商务迅速走向火热，未来会有更多本地化的电子商务综合服务商加入。“遂昌模式”需要在竞争中不断调整、不断创新，才能更加成熟。

（4）网店协会双重属性的协调发展，遂昌网店协会和遂网公司“两位一体”的结合，是“遂昌模式”的特点之一。其中，协会承担卖家成长职能，遂网公司承担商业化职能。这种独特的组织结构，是“遂昌模式”取得成功的一个关键因素。协会属性使其避免了纯商业机构重视短期利益、忽视长期利益的弊端，公司属性又使得电子商务综合服务商有了可持续发展的物质基础。从长远来看，公益性和企业性质二者的协调发展将是一项艰巨的任务。

（5）政府介入深度的挑战，政府的合理支持是“遂昌模式”成功的原因之一。遂昌政府对于电子商务发展，采取因势利导、有为而治的策略，不干预、不强势，做好服务、做好支持，有效促进了遂昌电子商务的发展。在政府介入的市场监管体制下，未来保持这种“平衡”将是一个重大的挑战。如何让政府长期“站好位”“服好务”，培养遂昌电子商务在商业模式方面的独立核心竞争力，将是“遂昌模式”可持续发展的重要保证。

三、"孟津模式"

（一）"孟津模式"的内涵

河南省洛阳市孟津区是目前"政府 + 服务商"模式应用最为成功的案例。孟津区区政府自 2016 年开始与洛阳闪迅电子商务有限公司（以下简称闪迅公司）展开合作，至今已成功培育出三个淘宝村，既有基于传统手工业形成的淘宝村，如平乐牡丹画淘宝村（洛阳市首个淘宝村）与南石山唐三彩淘宝村，也有利用"电子商务 + 扶贫"，促进特色农产品（袖珍西瓜、仙桃、葡萄、草莓等）上行形成的淘宝村，即送庄镇东山头村（洛阳首个特色农产品淘宝村）。"政府 + 服务商"模式主要呈现以下两个方面的特点。

"政府 + 服务商"模式是指以县级政府为主体向市场购买公共服务，电子商务服务商通过"陪伴式"服务，有效配置公共资源，二者共同推动淘宝村形成和发展的新型模式。"政府 + 服务商"模式常见于中西部经济相对欠发达地区。由于产业基础和创新观念弱于东部沿海地区，中西部地区难以依靠乡村自身力量自下而上地推动电子商务产业发展，因此不仅需要政府营造电子商务氛围，推动产业专业化与规模化，还需要专业化机构进行全程陪伴式培训、引导与扶持，构建良性发展的生态系统。

（二）"孟津模式"的特点

1. 多层级政府推动

电子商务环境的营造离不开政府的财政支持。孟津区已形成省级示范补贴、县级推动发展的模式。同时河南省通过开展农村综合示范县工作，向示范县定向提供专项补贴来推动淘宝村建设，调动各县积极性。孟津区作为主要的实施主体，通过组建人员、出台政策、建立制度三个手段推进电子商务进农村工作。

基础设施方面，搭建起县、镇、村三级电子商务服务和物流配送体系，支撑电子商务产业集聚发展。目前孟津区已建成 1 个县级农村电子商务公共服务中心、2 个镇级电子商务服务站、92 个村级各类电子商务服务点，基本形成

"一县一仓配、一镇一中心、一村一站点"的电子商务服务格局。在制度建立层面，成立了电子商务推进办公室，推出"12510"① 电子商务发展工程等具体措施。县级农村电子商务公共服务中心是整合县域资源、对接政企、联合产业协作的重要机构，既可作为特色产品、产业展示交流空间，又可依托该中心建设电子商务实训及创业孵化基地。镇级综合服务站与村级服务点则具备政策宣传、网上代买代卖、生活缴费、金融服务、快递收发和其他增值服务等功能，解决电子商务进村"最后一公里"问题。领导小组为降低创业门槛，提升农民创业热情，积极拓宽创业资金支持渠道，推出小额贷款与创业奖励政策（包含贫困户创业奖补），进一步提升农民返乡创业热情。

2. 服务商陪伴式培育

服务商的工作有两个重点，一是根据乡村产业发展情况选择培育对象；二是在培育对象村庄进行陪伴式服务。闪迅公司与地方政府共同考察、选择有产业基础的村庄作为培育对象，然后有针对性地制定整体培育方案，派遣小型精英团队驻扎村庄，开展两个阶段的陪伴式服务。第一阶段为半年集中式陪伴运营，即"1 个月全面培训、3 个月孵化和 2 个月资源整合"；第二阶段为半年至两年不等的差别化陪伴运营，包括 24 小时解决村民问题、分类差别化培育网店以及进行整体运营的数据分析等。在电子商务培训方面，实行差异化辅导，分电子商务创业班、电子商务精英班等多种类型，重点教授实操性电子商务知识，解决乡村电子商务人才匮乏困境。在网店运营方面，根据活跃程度将村民的网店划分为标杆店铺、重点店铺和活跃店铺三级，进行差异化的深度指导与孵化。重点打造标杆店铺，利用闪迅公司的美工、视觉、运营、推广、活动、客服等各类专业化资源，专人专店运营，培育本地电子商务龙头企业，增强示范效应。对于重点店铺和活跃店铺则分别予以方案辅助与助力发展。整个陪伴

① 12510，即 1 个县级农村电子商务公共服务中心；2 个电子商务产业园区：孟津区田园综合体电子商务园区、孟津区跨境电子商务园区；5 个淘宝村：平乐"牡丹画"淘宝村、送庄"特色果蔬"淘宝村、朝阳"唐三彩"文化艺术淘宝村、会盟双槐"黄河名优特产"淘宝村、依托浙商工业园建立"特色工业品"淘宝村；成功培育 10 家传统经营企业向电子商务企业转型升级。

式运营期间，服务商借助自建的大数据平台，对各店铺进行数据收集、储存与加工，实时、有效地结合市场需求，优化淘宝村电子商务产业发展策略。

在服务商的陪伴式运营体系中，可以进一步整合地理品牌营销、产品品质提升与美丽乡村营建等功能。通过注册地域品牌商标，对本地特色产品进行统一认证、统一品牌、统一包装、统一标准与统一管理，并利用政府网站、新媒体等宣传渠道加大推广，提高品牌知名度。线下营销服务可以利用农村电子商务公共服务中心建设展销中心，宣传地方特色产品，同时，基于互联网产业，推动农、文、旅相结合。而服务商团队与规划设计团队的结合，更有利于淘宝村规划建设特色小镇和美丽乡村。

平乐村为河南省洛阳市孟津区平乐镇镇区所在村，位于洛阳市北郊，交通便利。在河南洛阳“千年帝都，牡丹花城”的文化熏陶下，平乐村创立了平乐牡丹画品牌。凭借“一幅画、一亩粮、小牡丹、大产业”，平乐村目前已成为全国唯一的“牡丹画生产基地”。2016 年，平乐牡丹画产业实现“+互联网”的突破，成为洛阳市的第一个淘宝村。通过“政府+服务商”的模式，平乐村在原有牡丹画实体产业的基础上，仅用半年时间就达到了“淘宝村”的认定标准。村民返乡创业热情由此被点燃，以自产自销（典型分工是父母作画、子女销售）、代销等形式进行网络销售。2018 年，线上活跃店铺 150 余家，有效而持续地提高了乡村电子商务在营销全环节的竞争力，逐渐形成了“公司+画师+基地”的产业化运营模式。当前平乐村正在谋划从淘宝村 1.0 模式向 2.0 模式升级，打响“电子商务”“创意平乐”“生态旅游”三张名片。

规划围绕平乐牡丹画产业，联动平乐正骨医术、平乐水席（乡村特色餐饮）、平乐太仓毛笔等地域资源，打造平乐淘宝特色小镇。南石山村属河南省洛阳市孟津区朝阳镇，是中国唐三彩的发源地。南石山村基于出土的唐三彩文物，创新唐三彩烧制技艺（入选国家级非物质文化遗产项目），大力发展唐三彩手工艺品产业，被评为“中国唐三彩文化第一村”，产品曾被当作国礼赠送外宾。2018 年南石山村唐三彩产业加强与互联网融合，以“政府+服务商”模式推动电子商务发展，成功实现“中国淘宝村”的飞跃。

现如今，孟津区政府与洛阳闪迅电子商务有限公司再次合作，依托南石山村“三新”讲习所，共建电子商务培训基地。服务商为本地72家企业教授电子商务基本知识，指导村民建立唐三彩淘宝店，辅助店铺运营。同时，为提升网销效率，减少产品运输破损率，积极研发、升级物流包装，使用木架固定、外裹气柱减震等新措施。目前南石山村已开网店128家，活跃店铺68家，包括5家标杆店铺、20家重点店铺和43家活跃店铺，年交易额突破3000万元。

电子商务对于传统手工艺产业的促进不仅止于扩大生产，同时能够将多样化、个性化的消费需求及时反馈到生产端，驱动生产技术创新与创意升级。一方面，随着生产技术升级，煤、柴窑开始被气窑、电窑替代，全村72家企业全部完成“煤改气”工作。气窑和电窑的温度火候更便于掌控，大大提高了素胎正品率。另一方面，创意升级，除原有仿古唐三彩产品外，新工艺唐三彩开始与当代艺术结合，衍生出多个细分市场，例如唐三彩汽车挂饰、汽车摆件等小饰品就颇受欢迎，线上销量占比高达85%。目前南石山村年产唐三彩工艺品约170万件，产品种类包括唐三彩仿古产品、新工艺产品等3500余种，工业总产值达1.5亿元，全国市场占有率近95%。

四、曹县经验

曹县利用电子商务激发农村居民活力带动农村产业振兴，吸引人才返乡创业，通过“支部+电子商务”探索了电子商务带头人治理乡村的新模式，带动了农村信息交流开放，实现了传统农业生产方式和居民生活方式的转变，推进了农村产业现代化和乡村全面发展的新模式，为乡村振兴提供了有价值的发展样本。

曹县农村电子商务发展的经验主要有三个方面。

（一）电子商务赋能与能人引领触发萌芽

曹县电子商务发展的第一个阶段是“草根创业期”。这是一种“自下而上”的县域电子商务发展模式，起源于农民的草根创业活力和创新精神。这一阶段的特点是电子商务带头人“以点带面”形成示范效应，以市场机制为主导。

20世纪90年代初，曹县大集镇丁楼村有一些零散的小作坊从事影楼布景和摄影服饰加工，基本靠“肩挑背扛”到外地去推销。2010年底，有三户村民尝试着通过淘宝网开设网店销售演出服、摄影服，随后生意火爆，大量的订单纷至沓来让农民欣喜地看到了此中商机，吸引周边亲友不断加入开网店的热潮，带动演出服饰的生产规模迅速扩大、新开网店数量急速增加，大集镇淘宝演出服饰迈上了发展的快车道。

农村能人自发性的创业思维带动了整个村庄的创业氛围，在熟人社会里，电子商务知识和经验的分享引领了曹县农村电子商务创业的新潮。能人引领是农村产业兴旺进程中不可或缺的助推器，通过激活农村能人的资源，释放能人效应，不仅带来了财富资源，更重要的是逐渐改变了偏远地区群众的传统思想。

（二）政府适时介入推动电子商务快速发展

曹县电子商务发展的第二个阶段是“快速发展期”。这一时期，政府及时介入并实施了一系列因地制宜、因势利导的举措，起到了非常关键的推动作用：一是通过基础设施建设，提供大量的服务，打造了优良的发展环境；二是政府从氛围打造、资源整合、资金配套、政策支持等各个方面，为创业者提供从入门到升级的各种贴心服务。

2013年，大集镇电子商务刚刚起步时，曹县政府便成立了大集镇淘宝产业发展办公室，形成了“人人谈网购，户户开网店，企业做龙头，政府做后盾”的浓厚发展氛围。在县政府推动下，大集镇的村民们大踏步迈入了“网络销售”的时代。

2015年开始，大集镇的示范作用迅速展现出溢出效应，周边村镇的村民们也开始学习和尝试电子商务创业。经过规模化发展后，曹县政府通过培训促动、典型带动、宣传推动、行政配套、政策先行和提供服务等方面，发挥推力作用来激发市场活力、打造发展环境，促进产业腾飞。

曹县政府从2013年开始出台了一系列扶持电子商务发展的政策，为曹县电子商务发展提供良好的产业基础和配套设施，各类家庭作坊、传统企业纷纷触网腾飞，走出一条属于曹县特色的电子商务创业之路，推动了曹县传统特色县域经济的转型，如表4-3所示。在扶持电子商务创业者成长的同时，充分调动农户的积极性与创造性。通过开展培训，为传统产业经营者和创业者赋能，为他们自主性创造与合作性创造的发挥提供必要条件。

表4－3 曹县政府出台的电子商务政策一览表

	时间	文件名
成立领导小组	2015年3月16日	曹县农村电子商务发展工作领导小组
	2015年11月17日	电子商务工作领导小组（政府主要领导任组长，分管领导任副组长，有关部门为成员，落实专职工作人员）
出台政策	2015年3月16日	《曹县人民政府关于促进农村电子商务应用发展的若干意见》
	2015年11月17日	《中共曹县县委、曹县人民政府关于进一步加快全县电子商务发展的意见》
	2018年6月26日	《关于印发2018年曹县电子商务工作实施方案的通知》（曹政发43号）
	2018年6月26日	《关于印发曹县电子商务发展三年（2018—2020年）行动计划的通知》（曹政发44号）
	2018年6月26日	《关于支持农村电子商务双创示范点示范园特色产业集群发展的实施意见》（曹政发45号）

注：根据曹县出台电子商务相关政策资料整理.

（三）传统产业电子商务化激发持续升级潜能

曹县电子商务发展的第三个阶段是“生态化、集群化”。随着电子商务创业人群日益扩大，电子商务销售规模的提升和经营意识运营能力的提高，曹县的电子商务产业从单一分散各自经营的网店形态，逐步过渡到细化分工、产业升级的阶段。曹县电子商务服务业日趋成熟，客服、摄影、美工、运营、仓储、包装、物流等电子商务服务类公司在农村应运而生，同时，餐饮、酒店、娱乐、休闲等服务业也得到了共同的发展。

良好的市场反应和网络消费人群需求的细分化，反向带动了表演服饰产业的升级，从单一家庭手工作坊式的生产形态，逐步过渡到原材料供应商聚集、创新设计人才涌入、产品种类多样化、产品质量提升、加工规模升级、生产覆盖区域扩展、企业化率提升的产业集群化形态。

电子商务生态体系的形成产生了强大的辐射效应，带动了区域内的人才正向流动，使得位于曹县北部区域的传统木制工艺品行业得以转型升级，焕发出新的活力。同时为曹县原来比较薄弱的农业产业提供了非常好的榜样，如芦笋、山药等特色农产品开始触网，现代化生产方式的升级和供应链的优化，辐射带动了种植农户普遍增收。

农民收入水平的提高、基础设施的完备和生活服务的多样化，让农民体验到实实在在的幸福感。“支部 + 电子商务”的运营方式带来了高效的乡村治理，从而使得乡村的生态更加宜居，乡风日益文明。

曹县在十几年的电子商务发展过程中形成了特有的“一核两翼”模式，即以农民的大规模电子商务创业就业为核心，电子商务平台（市场）与服务型政府双向赋能为双翼，全面推进乡村振兴，如图 4 –6 所示。

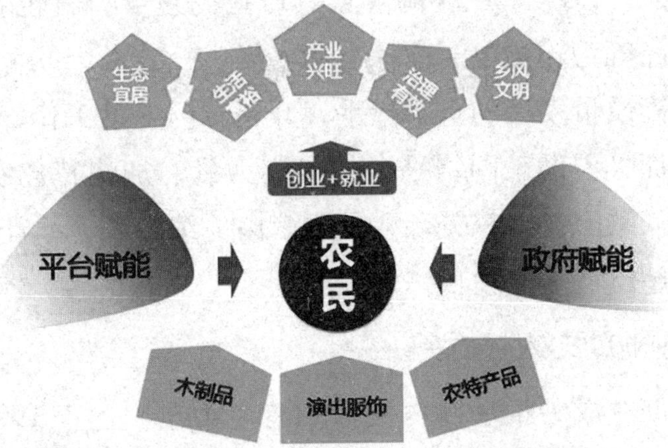

图 4 –6 曹县电子商务发展的“一核两翼”模式

曹县电子商务发展模式为其他县域通过电子商务促进乡村振兴提供了实践的经验。一是曹县在通过电子商务促进乡村振兴的过程中，充分体现了政府与市场的高效协同。二是曹县电子商务产业的逐步成熟带动了表演服饰产业的高速发展，同时促进了传统木制工艺品产业的转型升级，也推动了农副产品产业全面触网，带来了曹县的新一轮产业振兴。三是曹县通过发展电子商务带动脱贫，其特色在于赋能于民，赋予贫困地区群体获得信息和运用电子商务的能力，让贫困地区优质“资源变现”，实现由“输血式”扶贫向“造血式”扶贫方式的转变。曹县的实践表明，电子商务可以成为促进农村产业发展进而实现乡村振兴的有效途径。

五、宿城样板

江苏省宿迁市宿城区是2018年全国十大“淘宝村集群”。淘宝镇、淘宝村数量均列全省、全市前列，网络创业已成为宿城农村经济发展和全面推进乡村振兴新动能和新引擎。

电子商务推动宿城创业群体不断壮大，形成了“铺天盖地”局面，促进了宿城产业集聚、生活富裕、人才回归和生态的好转，成为点燃乡村振兴的“新引擎”。宿城农村电子商务发展的经验主要有三个方面。

（一）网络创业助力产业兴旺

宿城初步形成了以耿车片区淘宝家具产业为主导，特色农产品、工业品、水产品、手工艺品等为辅的电子商务发展格局。一方面，耿车片区家具产业转型升级作为推动高质量发展的重要抓手，开展专门整治工作，推动家具产业健康发展；另一方面，借助于网络平台的推广力量，加快特色农产品结构调整。全区涌现了诸如江莱园艺、育美森、奇趣多肉、缤纷园艺、花仙谷农业、渔山隐玫瑰等销售额超巨型企业项目。

（二）网络创业助力人才返乡

年轻人返乡创业成为推动乡村振兴的有生力量。生于1994年的王赞是耿车镇湖稍村人，2013年考入徐州医科大学临床专业就读，于2016年8月休学回乡，租赁1.2万平方米标准化厂房，创办宿迁市竹林风家具有限公司，同时在天猫开店，天猫店铺在家具行业可以稳定排于前500名。王官集镇的海龟创业青年郧国园，舍弃优厚待遇的事业单位，回乡兴办了文化创意企业，第二年销售就达到2500万元，带动就业40多人。埠子镇蚕桑村的疆北大叔食品创立者不但销售新疆的坚果，还把宿城本地水蜜桃、大蒜等农产品也通过网店销往全国，获得市金种子网络创业大赛总冠军。

（三）网络创业助力生态好转

耿车镇于20世纪80年代从事废旧塑料回收加工，创造出了乡办、村办、联户办、户办“四轮齐转”、集体经济和个体私营经济“双轨并进”的“耿车模式”，但在30多年的发展过程中，造成了日益严重的环境污染，最高峰的时候，耿车镇有3400多个废旧物资加工户，成为名副其实的“垃圾小镇”（华东地区规模最大的再生资源回收交易基地）。2016年宿城区贯彻“绿水青山就是金山银山”的发展理念，大力开展废旧物资回收加工综合整治，取缔了经营30年的废旧物资产业。不做塑料做什么，电子商务家具是一个转型方向，但是家具出现了新的污染，所以针对家具生产过程中的产品质量、喷漆污染等问题，宿城区再次进行专项整治，引导散落村头小作坊入园生产。同时不断加大村庄绿化投入力度，打造美丽乡村，仅用3年时间，实现耿车片区的天蓝、地绿、水净的华丽蝶变，耿车镇建成以大众村为核心的生产、生态、生活“三生融合”的新型淘宝社区。宿城凭着一股重新再来的勇气，走上转型发展、绿色发展的新路。

“互联网+”作为新型实体经济的动力源，开辟了一条农业升级、农村发展、农民增收的有效途径，不仅实现了乡村经济面貌的改变，还让生产方式、生活方式和价值观念得到深刻变革。网络创业将是新时代引领创业富民、引领乡风文明的重要力量，宿城区将抓住“互联网+”机遇，强化网络创业思维，加大电子商务政策力度，夯实农村基础，加快培育区域特色产业，拓宽农民创业就业空间，为实现强富美高新宿城区贡献更大的力量。

第五章

我国农村电子商务发展现状及展望

一、我国农村电子商务发展现状

（一）农村电子商务市场进入平稳增长期

近年来，我国农村电子商务规模继续扩大。如图 5－1 所示，2021 年全国农村网络零售额达 20500 亿元，占全国网络零售额的 15.66%，同比增长 11.3%，增速加快 2.4%。其中，农村实物网络零售额达 18600 亿元，占全国农村网络零售额的 90.73%，同比增长 11%。

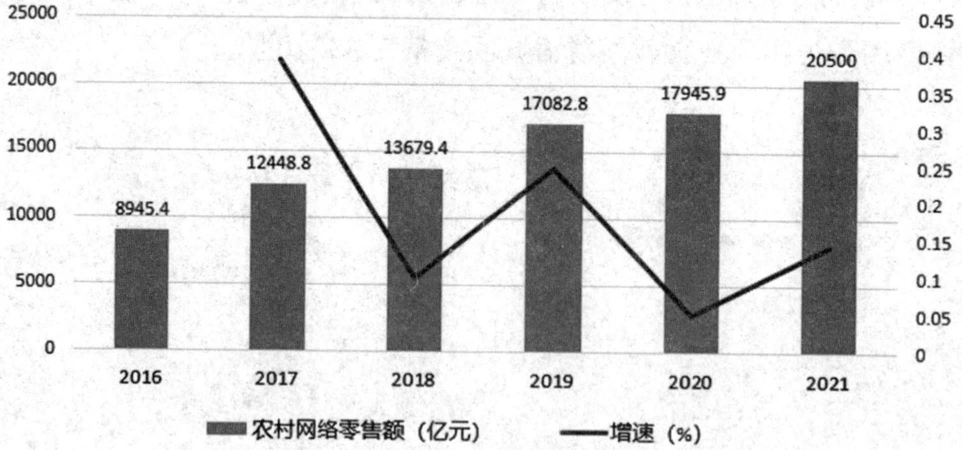

图 5－1　2016—2021 年全国农村网络零售额及增速

资料来源：共研网整理.

分品类看，零售额前三位的品类分别为服装鞋帽针纺织品、日用品和家具，分别占农村实物商品网络零售额的29.41%、18.55%和7.77%。增速前三位的品类分别是电子出版物及音像制品、中西药品、书报杂志，同比增速分别为90.3%、62.6%和42.7%。

（二）东部地区是我国农村电子商务的主体市场

分地区看，东部、中部、西部和东北地区农村网络零售额分别占全国农村网络零售额的78.7%、13.0%、6.5%和1.8%，同比增速分别为10.8%、15.1%、9.4%和12.5%，如图5－2所示。

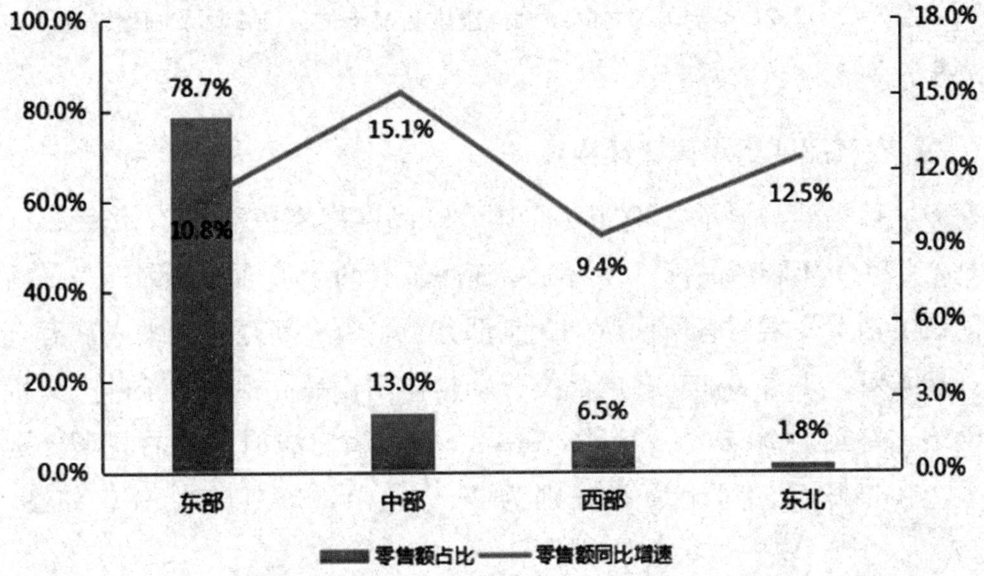

图5－2　2021年全国各区域农村网络零售额占比及同比增速

数据来源：商务大数据.

分省份看，浙江、江苏、福建、河北和山东农村网络零售额排名前五，合计占全国农村网络零售额比重为74.0%，零售额前十位省份合计占比为89.8%。从增速来看，福建、江西和广东同比增速位列前三，增速均在20%以上，如图5－3所示。

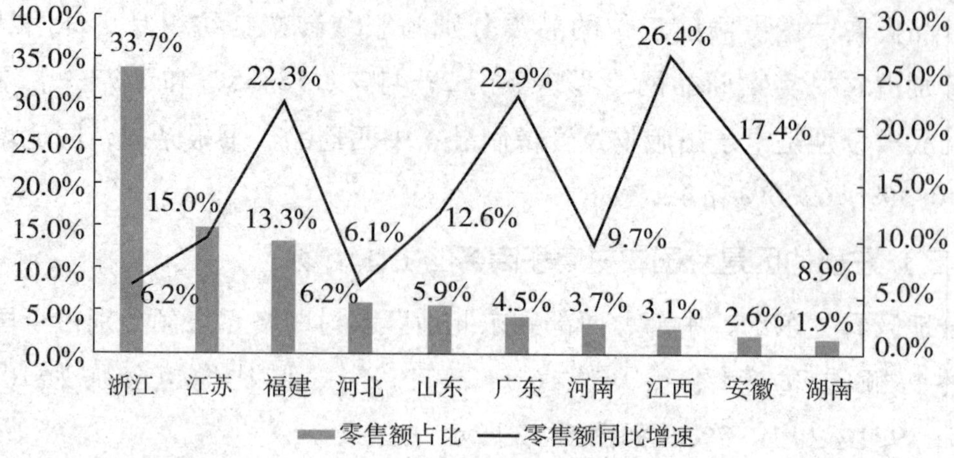

图 5－3　2021 年全国农村网络零售额排名前十位省份占比及同比增速

数据来源：商务大数据.

（三）农产品网络零售增速放缓

商务大数据监测显示，2021 年全国农产品网络零售额 4221 亿元，同比增长 2. 8%。2021 年农产品网络零售额增速减缓有两个方面的原因：一是新冠疫情期间线上消费暴增后有所回调。二是部分新平台、新模式未纳入现有统计范畴。分品类看，零售额前三名的品类分别是休闲食品、粮油和茶叶，分别占农产品网络零售额的 20. 0%、15. 4% 和 11. 5%。增速居前三位的品类分别是奶类、茶叶和调味品，同比增速分别为 29. 9%、11. 8% 和 11. 5%，如图 5－4 所示。

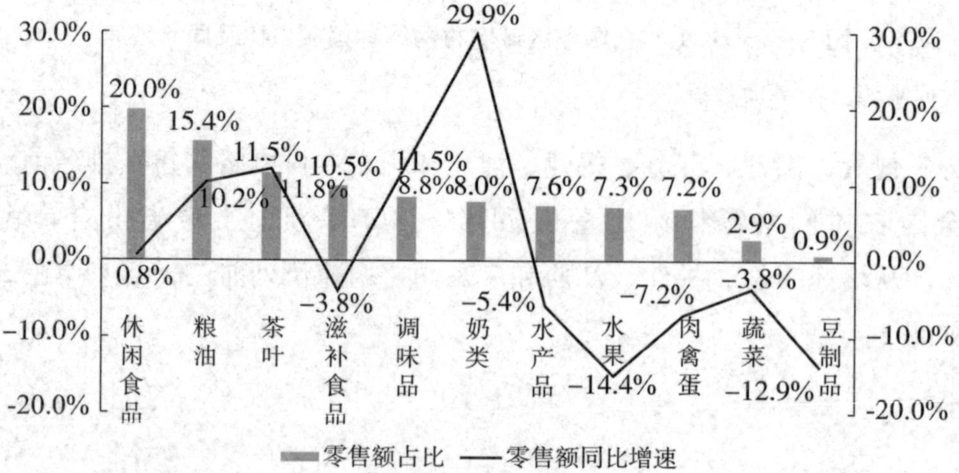

图 5－4　2021 年全国各类农产品网络零售额占比及同比增速

数据来源：商务大数据.

分地区看，东部、中部、西部和东北地区农产品网络零售额分别占全国农产品零售额的 64.7%、15.4%、14.4% 和 5.5%，同比增速分别为 5.7%、−5.5%、1.0% 和 −0.7%，如图 5 −5 所示。

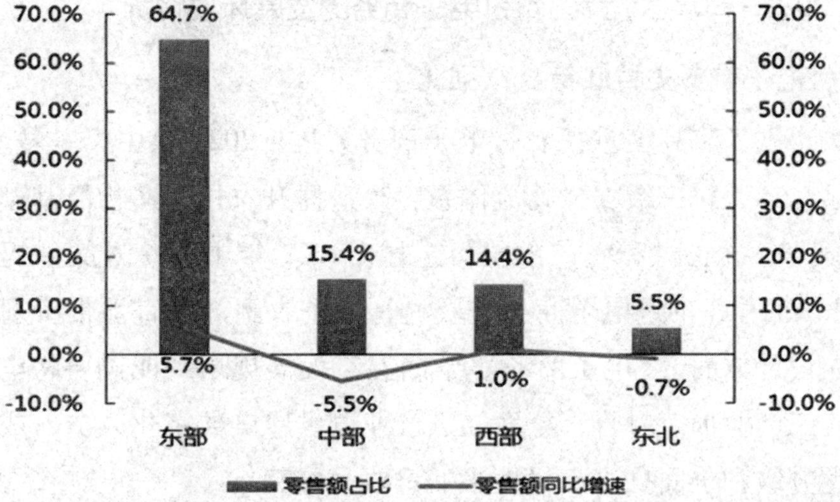

图 5 −5　2021 年各地区农产品网络零售额占比及同比增速

数据来源：商务大数据.

分省份看，广东、浙江、上海、北京和山东农产品网络零售额排名前五，合计占全国网络零售额比重为 48.9%，零售额前十位省份合计占全国农产品网络零售额比重为 74.0%，从增速看，广东、上海和云南同比增速位列前三，增速在 10% 以上，如图 5 −6 所示。

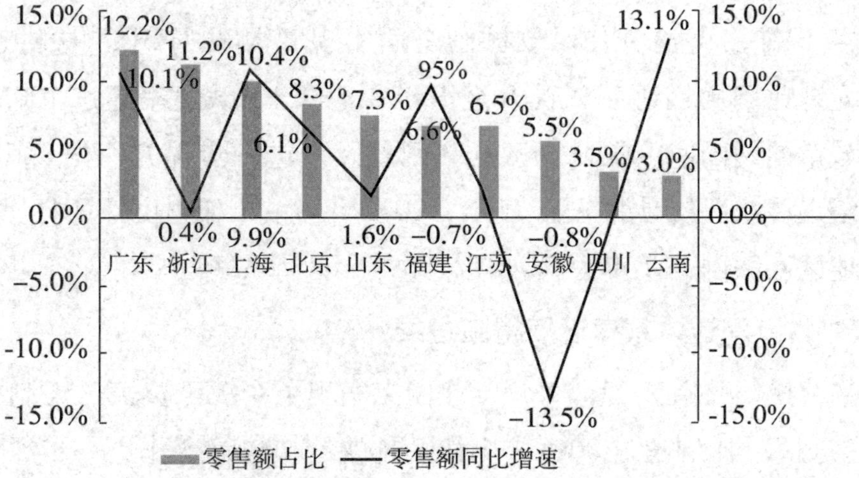

图 5 −6　2021 年全国排名前十省份农产品网络零售额占比及同比增速

数据来源：商务大数据.

二、2021—2022 年我国农村电子商务的发展环境与特点

（一）2021—2022 年我国农村电子商务的发展环境情况

1. 农村电子商务支持政策持续强化

党中央、国务院高度重视农村电子商务发展。2021 年中央一号文件提出，加快完善县、乡、村三级农村物流体系，改造提升农村寄递物流基础设施，深入推进电子商务进农村和农产品出村进城。2022 年中央一号文件提出，实施“数商兴农”工程，推进电子商务进农村，促进农副产品直播带货规范健康发展。在顶层设计方面，《电子商务“十四五”发展规划》明确要将电子商务与第一、二、三产业加速融合，全面促进产业链供应链数字化改造，成为助力传统产业转型升级和全面推进乡村振兴的重要力量。

商务部实施“数商兴农”行动计划，聚焦“三农”，发展农村电子商务新基建，打造农产品网络品牌，培育直播新农人。农业农村部出台《关于加快农业全产业链培育发展的指导意见》，提出“加强农村电子商务主体培训培育”“实施‘互联网+’农产品出村进城工程”“发展直播带货、直供直销等新业态”等。

2. 农村互联网覆盖率进一步提升

2022 年 6 月，我国现有行政村已全面实现“县县通 5G、村村通宽带”。行政村通光纤比例从不到 70% 提升至 100%，平均下载速率超过 100Mb/s，基本实现与城市同网同速。农村地区互联网普及率进一步提升。据第 50 次《中国互联网络发展状况统计报告》显示，2022 年 6 月，我国农村网民规模 2.93 亿，农村地区互联网普及率为 58.8%。

3. 农村物流配送体系建设取得新进展

农村物流网络日益完善，邮政营业网点实现了乡镇全覆盖，建制村全部通邮。“快递进村”比例超过 80%，交快、邮快、快快等合作进一步深化，共同配送、客货邮融合等新模式不断涌现。

4. 冷链流通基础设施建设不断推进

在政府和市场的共同努力下，全国冷链物流基础设施持续完善。全国超过70%的农产品批发市场建有冷链设施。为推动冷链流通企业的健康快速发展，商务部会同国家标准委启动了农产品冷链流通标准化试点示范工作，重点围绕肉类、水产、果蔬等生鲜农产品，确定了农产品冷链流通标准化试点企业和试点城市。电子商务企业积极参与下沉市场数字化基础设施建设，优化传统的农产品供应链模式，助力农产品向外地销售。

（二）我国农村电子商务发展特点

1. 直播电子商务在农村加速普及应用

直播带货带给消费者更加直观、更具互动性的消费体验，对农民而言简单易学，在农村地区快速普及。手机成为新农具、直播成为新农活、农民成为新网红。越来越多的农户、商家通过短视频、直播来宣传和推介优质农产品，多位县长、明星走进直播间为农产品代言带货，帮助大山深处的优质农产品快速走向全国消费者的餐桌，直播电子商务逐步成为农产品销售的新渠道和农民增收的“新路子”。不少农村通过“短视频＋直播”模式，展示宣传美丽乡村，在线整合本地特色农货、文化旅游、餐饮住宿等资源，打造地方特色乡村文旅超级IP，积极发展乡村旅游，让绿水青山变成金山银山。

2. 新业态新模式助力农产品进城

社区团购加速进入下沉市场。阿里巴巴、腾讯、美团、拼多多、滴滴等互联网巨头开展社区团购业务，社区团购竞争加剧。基于社区团购的低价和低成本特性，为了增加用户规模和黏性，众多社区团购平台加快在下沉市场的布局和投入。社区团购平台通过预售模式、微信私域获客、农村小店数字化改造等手段，让农村地区拥有了品类日益丰富的“云货架”，扩大了农民采购商品的范围和种类，帮助村民们享受到了更多的实惠好货和便利服务，提升了农民的幸福感。

电子商务直采数字农业基地快速发展。盒马、京东、拼多多等部分电子商务企业在多地建设农业直采基地，通过数字化助力农产品品种研发、生产过程优化以及农产品标准制定，拉动和引导农业产业链资源配置优化，实现产业协同创新。随着农村电子商务深入发展，依托电子商务所积累的数字化产销渠道、数据资源要素和数字技术应用场景等资源，正在成为促进数字农业发展的重要基石。

预制菜成为餐饮企业应对新冠疫情的重要手段。伴随着“懒人经济”“宅经济”的兴起越发火爆，包括半成品菜、速食菜、料理包在内的预制菜等新业态新模式成为餐饮业发展的亮点。机构数据分析显示，2021 年中国预制菜市场规模已达 3000 亿元，随着预制菜产业的火爆，预制菜电子商务标准也陆续出台。2022 年 4 月，盒马与湖北的洪湖、潜江等地的多家工厂合作，制定了一套盒马预制虾标准，该标准对预制小龙虾的 15 个环节进行了规定，涉及 34 项参数。2022 年 6 月，京东超市、中国预制菜产业联盟联合发布并实施《佛跳墙预制菜产品标准规范》，建立了预制菜佛跳墙品类的全方位的规范细则。

3. 农村生活服务电子商务快速发展

农村生活和商业服务正在全面走向数字化、在线化和智能化。近年来，我国农村生活服务在线化加速普及，在线教育、在线问诊、餐饮外卖、在线旅游、在线休闲娱乐等发展迅速。大型电子商务平台不断下沉，为县域生活服务业商户提供线上化经营渠道，推动农村传统商超、小卖店加速数字化改造。很多地方通过电子商务平台、社交网络、在线旅游和外卖平台等渠道，将本地的特色商品、自然风光、文化旅游资源及时发布出去，带动乡村旅游、餐饮及民宿等产业发展，数字技术和电子商务正在深刻改变着农业生产和农民生活的方式。

4. “新农人”电子商务创业就业持续升温

农村电子商务的蓬勃发展为农村地区带来更多的发展机遇，吸引一批大学生、企业家、退役军人等加速返乡就业创业。返乡入乡创业项目中，55% 运用信息技术，开办网店、直播直销、无接触配送等，打造“网红产品”。平台“新新农人”（“95 后”涉农商家）数量呈现爆发式增长态势，每位“新新农人”平均带动 5 ~ 10 位“95 后”参与电子商务创业中，并平均带动当地就业岗位超过 50 个，95 后逐渐成长为农村电子商务创业带头人中的重要力量。

5. 农村电子商务积极助力乡村振兴

进入新发展阶段，我国“三农”工作的重心转向全面推进乡村振兴。电子商务与农业的融合，从初期的销售端网络化，逐渐向流通端、生产端的数字化、智能化推进。各大电子商务平台纷纷发力农产品供应链，加快了农业供给侧结构性改革的进程和精准性，实现了产销紧密衔接。同时，以农村电子商务的活跃应用为先导，全面带动数字乡村发展，推动了乡村三产融合，也创造出大量新的乡村创业就业机会，推动乡村人才振兴和组织振兴。

三、发展趋势展望

（一）直播带货等新业态规范发展潜力

直播带货在农村地区快速发展的同时，也伴随着一系列不规范问题，部分店铺经营存在货不对路、以次充好、言行失范、悲情营销、偷税漏税等行为，给行业健康发展带来巨大挑战。近年来，国家相继出台《关于加强网络直播规范管理工作的指导意见》《网络交易监督管理办法》《网络直播营销管理办法（试行）》《直播电子商务平台管理与服务规范》（征求意见稿）等一系列政策法规，对主播带货提出严格要求和规范，并对主播偷逃税问题进行打击，促进直播行业走向规范化发展。

（二）农村电子商务 B2B 成为发展热点

近年来，随着电子商务进农村、电子商务扶贫等工作的推进，我国农村电子商务 B2C 发展速度较快，在全面推进乡村振兴中起到了重要作用。乡村振兴的核心在于产业振兴。我国农村电子商务 B2C 基数小，占农产品销售额的比重不高，对产业振兴促进作用有限。农村电子商务 B2B 是农业产业数字化的核心环节，将成为农村电子商务转型升级的重要方向。我国农村电子商务 B2B 平台数量少、体量小，面对传统商贸企业话语权较弱。2022 年，农村电子商务 B2B 发展进入了一个新的发展阶段。农村供应链体系的数字化将推动农村电子商务 B2B 快速发展。

（三）产地仓等基础设施建设将迎来新发展

加快建设农村电子商务基础设施是推动农村电子商务高质量发展的必然要求。2021 年，商务部提出开展“数商兴农”行动，强调引导电子商务企业加强物流配送、农产品分拣加工等农村电子商务基础设施建设。产地仓是重要的农村电子商务基础设施。通过建设产地仓，企业可以统一备货、集中发货，能大幅降低物流成本，提高物流效率。除了分拣包装、检验检疫、仓储物流等基本功能，部分产地仓还提供电子商务培训孵化、品质溯源、仓内直播、一件代发等增值服务。产地仓预冷设施能极大地降低农产品的损耗，实现企业效益，数字化分选线能迅速地让农产品变成农商品，助力品牌打造。产地仓建设将为地方产业转型升级奠定基础。

（四）全面推进乡村振兴将为农村电子商务提供更大发展空间

当前，我国正在有序推进国内统一大市场、国内国际双循环新发展格局的建设，将进一步为农村电子商务高质量发展提供动力。商务部等部门出台《关于加强县域商业体系建设　促进农村消费的意见》，支持各地加快补齐农村商业设施短板，扩大农村电子商务覆盖面。2022 年上半年，商务部推动建设改造县级物流配送中心 69 个、村级便民商店 6.5 万个。未来，我国将以县域为单元统筹农村商业发展，农村电子商务将在县域商业体系中发挥重要作用，助力乡村振兴和产业数字化。电子商务企业将继续下沉农村，拓展消费新业态新场景，提高生活服务业的便捷性和服务质量，围绕农村产品上行，建设分拣、预冷、初加工、配送等商品化处理设施。社区团购蓬勃发展，将与县域超市、便利店、夫妻店、连锁店等线下实体商业广泛融合，撬动县域餐饮、外卖、旅游、娱乐等多个农民生活服务场景，推动县域商业数字化转型提速，促进农村消费提质扩容。随着农村直播电子商务、乡村短视频、乡村网红达人分享等电子商务应用的兴起，还将大大推动乡村旅游的发展，加速乡村一、二、三产业融合的进程。

第六章

影响我国农村电子商务发展的要素分析

一、我国农村电子商务及其发展演进模型

农村电子商务是指利用简单、快捷、低成本的电子通信方式，买卖双方不谋面地将农村经济活动中易得的产品传递到市场并完成交易的全过程。农村电子商务的内容是指电子商务在农村组织过程中所有的经济活动，按照先后顺序包括网上培训、网上广告、网上营销、商品流转和网上售后服务等。随着社会的发展变革，农村电子商务正经历着朝深度、广度同步迈进的发展历程。从地域广度的发展上看，正以一个农村带动一片农村、连片成面的趋势发展。从阶段发展深度来看，从初级的发布产品信息、个体网商创业、公司化运作到TPR平台搭建的趋势发展。从不成熟到初步成长，到发展成熟，再到广泛应用，呈现出一个典型的阶梯演化的模型状态，如图6－1所示。

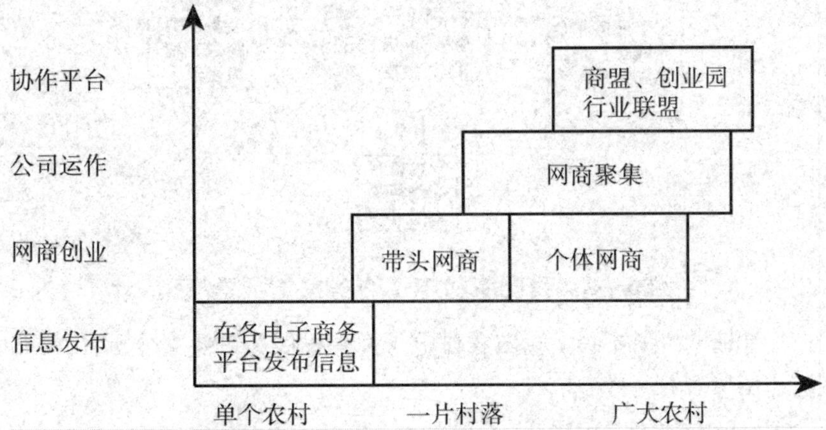

图6－1　农村电子商务发展演进模型

资料来源：周海琴，张才明．我国农村电子商务发展关键要素分析［J］．中国信息界，2012（01）：17－19．

农村电子商务发展演进过程存在一个由基础信息发布和服务开始，进而发展到有局部或单独的电子交易行为，到成片成群的聚集发展，再到高级的商盟或行业联盟等形式，进而可以推而广之，覆盖到更为广大的农村地区。农村电子商务在各级政府和广大农民的共同努力下，呈现跨越式发展的态势。通过观察我国农村电子商务发展演进，也很容易发现我国农村电子商务发展演进过程在时间维度上基本都遵循上述的纵深两个维度上的发展规律，即区域上由点到面到片、业态上由单一信息发布到综合协作运营。

二、我国农村电子商务发展要素分析

我国农村电子商务发展的关键驱动要素，有核心要素，也有外围要素。核心要素是农村电子商务发展成功的最重要的要素资源，没有这个核心要素作为驱动力，农村电子商务是非常难成功的。外围要素是一个促进要素，有了这些外围要素，农村电子商务的发展会更好。这些核心要素和外围要素相互作用、相互影响、相互促进，共同推动了农村电子商务的发展，如图6-2所示。

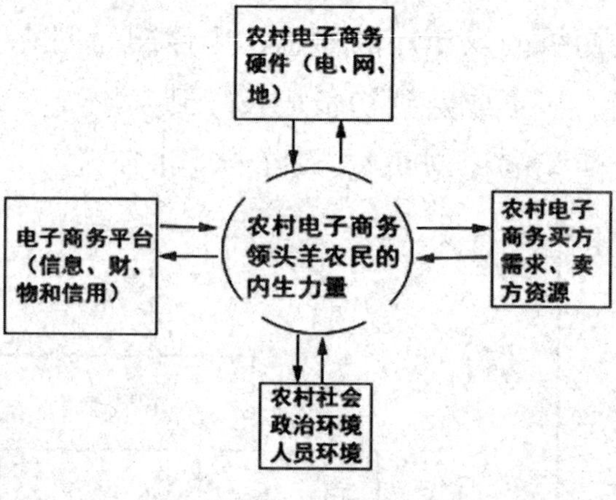

图6-2　我国农村电子商务关键要素模型

资料来源：周海琴，张才明．我国农村电子商务发展关键要素分析［J］．中国信息界，2012（01）：17-19.

（一）核心要素

其中，核心要素主要有两个：一个是农村电子商务领头羊的人物；一个是当地农民本身的内生力量。农村电子商务的发展需要播“神火”、接“地气”。从农村电子商务发展要素上看，领头羊也是农村电子商务发展要素中的另一种“神火”，是地区农村电子商务的启蒙者，星星之火往往是领头羊带来和产生的。“神火”能否燎原，能否真正接通当地“地气”，还有赖于当地农村农民的内生力量，即当地农民是否有内生的欲望使用电子商务改变自身的生活状态，是不是农民本身自主自发作为参与主体。当然，农民的自身内生力量来源往往受制于农村电子商务领头羊的发展状况，也受制于农村电子商务模式，特别是农村电子商务领头羊的模式是否能真正带给农民利益或多大利益。有了这两个核心要素，其他要素都将在这两个核心要素的驱动下获得解决。

以自下而上的农村电子商务模式发展为例，在农村电子商务的形成、发展和完善过程中，一些关键性的参与者，如“沙集模式”中的孙寒、“青川模式”中的赵海伶那样的“领头羊”率先了解到诸如淘宝等网络销售平台，力排众议，坚持自己的想法，果断地组织农村当地产品或创新开发新的产品，勇敢地开始利用网络销售平台，对接一个广博的市场。在这个过程中，他们面临许多的挑战，包括来自家庭的、社会的，但是最后能够坚持并脱颖而出，无一例外不是历尽艰辛，意志坚忍的。他们之所以被称为“领头羊”，就在于他们在创富过程中，通过经济效益的外部化，带动农村其他农户参与市场机制当中来。在内生要素上，在自下而上的农村电子商务模式中，典型代表是“沙集模式”。这一模式就是一个典型的靠领头羊和周边农户跟从进入农村电子商务的，是由农民自发做起来的经济发展模式。①“沙集模式”对公共资源的索取很少，为地方经济社会发展贡献很大。特别可贵的还有它的内生性、内生的价值，会生长出更强的生命力和带动力。

（二）外围要素

农村电子商务发展的外围要素包括农村电子商务硬件（电、网、地）要素、电子商务平台（信息、财、物和信用）要素、农村电子商务买方需求与卖方资源要素、农村社会政治环境和人员环境要素等。

---

① 汪向东．衡量我国农村电子商务成败的根本标准［J］．中国信息界，2011(03)：5-7.

农村电子商务硬件（电、网、地）要素包括电力要素、网络设施要素和土地空间要素等。在目前我国农村，电力的稳定与否不仅与农村电子商务发展阶段正相关，而且体现了政府参与农村发展中的决心大小，尤其是欠发达地区农村。农村网络设施也是关键要素之一。但事实上，运营商出于成本的考虑，我国很多农村，网络设施并不完善。比如，在四川青川等广大农村地区，网络普及率非常低。另外，土地要素在农村电子商务的发展初始阶段也许不明显，但当农村电子商务发展到一定阶段和水平后，信息化带来工业化的发展时，将是制约农村电子商务发展的另一个关键要素。以“沙集模式”为例①，其典型代表东风村，广大农村电子商务从业者——网商发展的最大障碍之一就是土地，缺少土地支持，厂房扩建、电子商务交易活动的发展就变得非常困难。

电子商务平台（信息、财、物和信用）要素是指由政府或第三方社会团体提供的电子商务平台所承载的信息流、资金流、物流和信用控制体系。电子商务要在农村生长和推广起来，离不开信息流、资金流、物流和信用控制体系的完善，由政府或第三方社会团体提供的电子商务平台具有明显的易得性、流程化、常规化。信息流是指在一定空间和时间里向同一方向流转的信息。为了促进农村电子商务的发展，平台的信息流应该以市场需求信息为信息源，将信息源持续不断地传导到广大农村等信息节点，并保持信息流转的流畅性和常规性，推动农村电子商务的生根和萌芽。为了保证交易的顺利进行，在确保信息流准确通达买卖双方的同时，还要解决资金流转的问题。在网络这一虚拟的环境中，资金流转中最为关键的就是安全问题。在广大农村地区，物流的成本和压力往往相比城市地区要高得多，物流成本是网络经营成本的极大一部分，甚至决定了竞争优势。良好的信用控制体系是电子商务平台的重要组成部分，没有良好的信用控制体系的平台是无法推动农村电子商务发展的。

农村电子商务买方需求与卖方资源要素是指现实社会生活中确实存在某

---

① 汪向东．信息网络时代农民的新致富道路：“沙集模式”及其意义．“沙集模式”调研报告．2010－10.

种买方的需求，不管这种需求是刚性的还是个性化的需求；也有卖方资源存在的供给潜力，农村电子商务很大的一个效能就是解决农村“买难卖难”的问题，解决“农民小生产对接大市场”的问题。“发展农村电子商务，其根本目的或要解决的根本问题，就是要利用互联网打破时空界限、缩短流通环节、沟通供需双方等特点，帮助农民去克服原有的信息弱势，直接对接大市场。”衣食住行是百姓的基本需求，也是刚性需求。农村农副产品经过适当的引导和质量的把控，借助网络对接市场，就很有可能获得市场的青睐。在“青川模式”中，农民背山靠水，一直沿袭种养的黑木耳、香菇、竹荪和鱼虾等农副产品，在以前的交易模式下，由渠道商层层加价，真正给农户的收购价格一般极低，几乎接近农户的生产成本（往往不包括农户的人工成本）。而且平抑丰欠，农户没有积极的意愿更新技术或加大投入，这些符合市场刚性需求的产品得不到很好的发展。在引入电子商务后，产品的市场反响很好，市场饱满的需求帮助网商能做到持续向农户采购，而且市场对品质的要求也由网商传递给农户，农户在有量的基础上改进技术、持续投入就变得更易实现。而且，据调查发现，由于市场对品质的认可，产品的高溢价政策和市场流通渠道的扁平化也使得农户可以获得更多单位产品收益，因此，积极性持续上升。还有一类需求是属于每个单独的消费者个性化专属性的需求，这在以往的市场模式下，可能无法得到逐一的满足。但是，借助电子商务，小批量的个性化需求汇流成大规模的需求，采用订单式的方式，这些个性化的需求也得以实现。农民网商在选择具体的产品作为网络销售内容时，往往既可以在初期决定网商本身的成功和失败，选择对了一个产品，则已经成功了一半。同时，还往往决定了电子商务发展后期扩散效应。一旦电子商务发展取得成功，有的地方甚至还会带动当地农村产业结构和生产方式的改变。比如，“沙集模式”就是一个典型的案例。由于电子商务的发展，东风村的产业由回收旧废塑料产业为主发展为以木材加工生产和电子商务销售为主，产业类型升级，农民的市场能力和经济水平也大大提升。

农村的社会、人员、环境要素是指农村本身存在的社会环境、人力资源环境、经济环境等要素。在农村电子商务中，围绕参与农村电子商务的阶段演进不同，农村电子商务有不同层次的参与者，他们包括农村农副产品的生产制作者、网商、物流工作者、公司管理者、网络培训者等。农村电子商务发展好坏，尤其是后期的发展好坏，不可避免地还受到当地农村社会和政治经济环境影响。在“沙集模式”中，当地政府的后置式服务、不越位、不越权，全力做好保障服务的措施，在很大程度上促进当地农村电子商务的发展。

第七章

农村电子商务创新模式分析

积极拓展我国农村电子商务事业，能够切实推动我国农村地区的科技进步及社会发展，持续改进我国农产品领域的流通现状，加快农产品贸易的发展，提升农民群众的收入水平，促进农业与农村经济结构实现战略性的全面调整，进而提升我国农业所具有的国际竞争力，有效缩小城乡之间的差距，进而促进我国农业的增产增收以及农村社会经济的协调发展与进步。

一、电子商务在我国农村经济发展中的突出作用

我国农村地区的电子商务主要包括农业生产网络化管理、农产品网络化营销、农村物流管理和农村客户关系管理、农村娱乐服务等各项内容，主要能够发挥的作用体现在以下四个方面。

（一）能够解决我国农村所存在的信息鸿沟

当前，我国农业生产主要还是以家庭为单位实施的小规模生产，农业生产者相互间基本上并不存在信息上的交流，农户们往往是凭借着自身以往的价格经验来确定具体生产项目以及生产规模的。这样一来，就造成了农业生产上的极度被动，进而影响到我国农业生产的总体稳定以及农民群众的主观能动性，而电子商务能够把农业生产的产前、产中以及产后等各个环节进行有机的联结，从而有效解决我国农业生产和市场信息之间所存在的不对称问题，这样就能让广大农业生产者更好地了解到当前市场的信息，并且依据市场需求之变化，更为合理地组织生产，进而避免由于产量而导致价格上的极大变化，切实

降低农业领域的生产风险。

（二）能够妥善处理好我国农产品所固有的流通不畅难题

当前，我国农产品流通中所体现出来的突出问题包括农产品流通不畅且功能上不够健全完善，无法发挥积极引导与组织生产等作用。农民群众尽管在诸多方面都在积极适应现代市场发展之所需，然而在销售上显然和现代市场经济之间的要求具有相当大的差距，以至于难以更加积极主动地选择最能促进自身实现可持续发展的市场之中进行销售，而是只得消极被动地等待市场进行选择。随着我国电子商务的不断发展，当然就为解决我国农业发展进程之中的农产品流通等问题提供了更为宽广的发展空间，运用电子商务来改造传统经济体制之下的流通进程，能够真正形成由信息流、资金流、物流等共同构建而成的，而且是以信息流为中心的新型流通过程，促进新时代中国特色社会主义新农村的发展。

（三）能够推动我国农村剩余劳动力实现更加优质高效的就业

如今，我国农村在劳动力的供给上具有不连续性的特点，特别是伴随着近年来我国农产品价格的持续提升，大量农民群众开始到农村重新开展农业生产活动，而引入电子商务则能极大地促进我国农村劳动力的供求信息得到更加及时的反映，从而为我国农村劳动力的顺利流动创设出有利的条件，进而提升我国农村劳动力就业的机会，而且还能实现更加高效的就业。

（四）能够为我国农业技术的发展提供必要的支持与指导

千百年来，我国农业一直呈现出一种分散化、个体化的生产方式，这就对农业技术的可持续发展造成了极大的困扰。一旦缺少足够的技术支持与服务，农业生产中就会消耗掉非常多的生产资料，而且农业生产的质量也不会高，效果更会受到影响。同时，因为无法快速得到农业灾害的相关预警类信息，也就难以提前使用有效的防范手段，由此而导致农业生产遭受到巨大的损失，且灾后也难以采取合理的补救办法，损失也就更难以得到切实有效的弥补。运用现代电子商务技术，并且辅之以专业农业科技人士的悉心指导，从而形成合理的农业技术服务网络，应用更加便捷、更富有实效性的方式对广大农户实施技术指导以及信息服务，从而极大地提升广大农户对于农业技术的掌握与应用状况，让我国的农业生产能够真正得到全过程监控及指导，不断提升科技在我国农业生产管理中的积极促进作用。

二、当前我国农村电子商务创新模式

经过上述讨论能够发现，我国农村中的农产品销售不能使用淘宝网 C2C 模式来切实解决供需之间所存在的矛盾，而通过农业龙头企业、农业协会以及农村合作社所搭建起来的 B2C 模式也并不适合于农产品流通之内在规律。这是因为，与西方国家所实施的大规模与产业化农业生产比较起来，我国农业生产终究还是以分散型、个体化的家庭劳作为主体的，绝大多数农产品依然还需进行全面深加工，才能真正来到广大消费者们的手上。所以，我国农村电子商务应当采取 B2B 模式。

鉴于我国农村电子商务的主体相当分散，其主体为没有很好地组织在一起的分散型农户，所以农业企业往往会十分少，因而无法照搬与照抄城市电子商务的运行方式，这就需要进行更加深入的创新及改进，以求更好地适应于农村实际。因此，笔者对 B2B 模式实施了变革，主要可以划分为以下三种模式。

（一）P2C2B 新模式

P 是个体农户，C 为农业协会或者农村合作社，B 则是农产品销售与深加工企业，或者是大型超市等。对分散化、单一化的农户来说，假如要想取得与农业企业分庭抗礼的平等经济地位，就迫切需要组成一个完整的整体，既要有组织又要有一定的谋略，而当前我国的农村合作社就能很好地解决该问题。在 P2C2B 新模式下，生产环节之中，合作社可依据市场的需求来组织广大农户实施统一化的生产，有时农村合作社还会接受农业企业的相应订单，依据订单来安排农业生产，而且提供技术上的大力支持。这样一来，就能保障高质与高效。特别是近年来生态农业产品大行其道，而单一农户的分散化生产方式很难控制好农药的用量及时机，通过有组织、有计划、有指导地统一化生产，就能够让生态农业从美好的憧憬转变成为现实。在销售环节中，农村合作社是以整体身份来对外以及对农产品企业开展网络洽谈与签订意向性合同的。具备了相应的经济实力及技术能力的农业合作社就可以自行建设网站，通过自身所生产的富有特色的新鲜农产品为抓手来吸引广大的客户。与此同时，还可通过电子商务中介平台发布相关的供求信息，查询相应的需求信息，并在网络中相互洽谈，甚至直接地出口各类农产品。

如今，网络交易的诚信与安全显得极为重要，而电子商务认证中心则可为广大经营者与消费者提供相对安全的网络交易环境。因此，农村合作社及农产品企业均需向第三方认证中心提出认证的申请，并且通过网络交易来辨别与认证对方的身份，通过证书当中的密钥加密传达相关信息，从而切实保障商业信息的传递不会失密。在物流环节中，农村合作社主要负责依据质量要求对农产品进行分拣及包装，其后再在网络中找到第三方物流企业来完成相应的配送服务。在支付环节中，农村合作社可以在银行设立账户并且通过网上银行来接收买方所给付的货款。

（二）B2B 新模式

B 是指本地的农业生产型企业或者是专门开展农产品销售业务的企业。因为自身具备了相当强的规模化优势以及品牌优势，运用自行建设的农产品网站，即可应用搜索引擎来推广网站。同时，还可在阿里巴巴等超大型第三方中介平台上进行注册，由阿里巴巴在线上与线下为其进行宣传推广。这样一来，就能够促进在线搜索农产品信息、报价、谈判、合同签订、明确物流供应商、资金结算等工作的开展。为切切实实地保障网络交易具有较高的安全性，交易的双方还可向认证中心提出申请，由该中心明确各自的真实身份。在实施交易的过程中，双方还可在网上彼此验证各自的身份，并使用密钥来加密相关信息，切实保障商业信息具有机密性及高度安全性。在实施资金结算的过程中，双方均应设置企业网银，并直接通过网银进行转账交易。

（三）P2G2B 新模式

在此种新模式之下，全国各级地方政府都应紧密结合农民群众所提出的迫切需求，从而形成一大批专门针对农产品种植、农产品销售及供求信息、劳动力资源培训及外出务工就业、网络农产品交易会等方面的涉农信息网站。例如，江西省的“信息田园”网站、四川省的“天府信息”网站、福建省的“数字福建”网站、陕西省的“电子农务”网站等。因为政府部门具备了一般企业所不具有的强大公信力，无论是普通农户还是涉农企业，均应高度信任政府所具有的中介作用。一部分地区开始探索先由政府部门出面接收外地的订单，其后再分摊给农户，有计划、有组织地实施生产，这可以称为“订单农业”。实践证明，这种方式的效果非常理想。

同时，政府机关工作人员掌握科技的能力确实高于普通农民，能够高效率地在网上开展交易谈判，从而能够实现精细化的网上实际操作。为有效保障网上交易具有一定的安全性，交易者双方应当事先向认证中心申请各自的证书，其后再由中心来确定其各自不同的身份。通过交易，双方得彼此验证身份，并且使用证书含有障碍，通过密钥来保护各种信息，进而言之保障南方商业信息在机密、安全上的领先。

第八章

重庆发展农村电子商务的典型案例分析及启示

一、重庆发展农村电子商务的典型案例分析

随着互联网风潮深入到广大农村，传统的农业生产及销售方式也发生了重大改变，互联网为农村电子商务的发展带来了前所未有的机遇。自2015年来，重庆市人民政府就按照中央发展农村电子商务的要求，着力加强农村电子商务的建设和发展，使之成为发展农村经济、促进农业转型升级以及提高农民经济收入的主要力量。为了全面推进乡村振兴，重庆市把电子商务进农村综合示范作为发展农村电子商务的重要突破口。

（一）重庆开州案例分析

信息基础设施和物流基础设施是影响农村电子商务发展的两个关键基础设施因素，两者在促进农村电子商务发展过程中均发挥着关键性的作用，已经成为推动农村电子发展的重要引擎，二者缺一不可。农村电子商务是借用知名电子商务平台以及本地自建电子商务平台来进行农产品营销活动，而宽带网络及5G网络就是开展电子商务活动的基础，若是没有较好的信息基础设施，那么将不利于农村电子商务业务活动的开展。此外，农产品是通过物流服务来运送到消费者的手中，不论是农村买入还是卖出，完善的物流服务体系都是电子商务活动开展的必要条件。只有具备一套完善的物流体系，才能充分体现出电子商务的方便性和快捷性，让农民切实体会到发展农村电子商务的益处，增强农

民利用电子商务用于提升经济收入增长的意愿和信心。

重庆开州是农产品主产区，由于基础设施建设不完善的原因，该区农村特别是边远山区大量绿色农特产品严重滞销，导致当地有很多特色农产品生产出来却不能销售出去，农民经济收入增长困难，农村电子商务发展遭遇瓶颈。开州具有重庆农村典型的特点，其农村地区大多位于大山之中，由于地理因素的原因导致公路进村十分困难，部分村落未通公路又或者还仅仅是土路，物流条件及交通十分困难。

开州齐胜村盛产红心猕猴桃，在当地享有较大声誉，大量农户希望通过种植及销售红心猕猴桃的方式来改善生活条件，但由于物流条件的制约，导致这些红心猕猴桃运输出去十分困难，就算运输出去了也要付出较高的运输成本，此外由于道路崎岖导致猕猴桃损坏率也较高，降低猕猴桃的销量和销售利润。此外，虽然运营商均在该村地区有 4G 网络覆盖但速度极慢，绝大多数地区无 5G 网络，该村多数农户家庭通过电脑进行网上销售的渠道尚未形成。这主要是由于农村地区存在用户数量少、建设成本高两个因素，运营商不愿意在当地建设 5G 网络，因此制约了当地农户通过信息通信来强化与外界信息对接。由此，如何打通外界与农村地区的物流与信息通道显然已经成为开州地区发展农村电子商务的首要问题。笔者建议提高我市各乡镇和农村的 5G 网络和 Wi－Fi 网络覆盖率，打通乡镇和农村与外界的信息交流阻碍。

（二）重庆彭水案例分析

人才缺失不仅仅发生在重庆，还发生在全国各个省市的农村地区，农村电子商务专业人才供给不足已经成为制约各地农村电子商务发展的重要因素。其一，电子商务专业人才不仅仅需要具备基本必要的计算机技能、营销技能及财务知识，还需要具备较高的电子商务意识，懂得如何利用电子商务来促进农产品的营销，降低农产品买卖双方的信息不对称。其二，从各地农村电子商务人才的需求数量增长趋势来看，重庆各个地区未来的农村电子商务发展急需数万个高素质的专业复合型人才。其三，从农村电子商务的人才需求结构及人才素养上来看，重庆农村地区如今最紧缺的应该是电子商务数据分析及运营人才，此外还需要能够熟练掌握营销推广、活动策划以及精通农业技术的专业型和复合型人才。目前，一些地方政府、高校和企业重视培养对农村电子商务人才，不论是政策支持、高校专业设置，还是企业对人才培养及引进投入的大量资金，都体现了人才在发展农村电子商务中的关键作用。

重庆彭水在发展农村电子商务过程中就遭遇到了人才培育难和引进难的问题，人才因素已经成为制约当地农村电子商务发展的关键因素，由于专业人才缺失而导致的农村电子商务发展缓慢已成为亟待解决的首要问题。

一方面，彭水本地人才极为匮乏，每年考入大学的大学生数量较少，而且这些大学生毕业之后大多留在了大城市工作，回当地工作的意愿极低，即使回去也是到政府部门的相关岗位，不太可能会从事与农业相关的工作；农村电子商务发展也需要政府部门的积极正确引导，彭水当地政府部门也缺乏与农村电子商务相关的专业人才，绝大多数政府部门工作人员对电子商务专业知识的了解也相对较少。另一方面，由于当地经济地理等因素进行外地人才引进也十分困难；经济方面，外来人才在当地从事农村电子商务拿到的薪酬往往很低，远远比不上留在外地工作，人才留任本地工作的意愿较低；发展潜力方面，当地农村电子商务企业规模普遍较小，资本实力较弱，虽然设有与电子商务相关的岗位，但是这些岗位的发展潜力均较小，对于这些人才的未来发展没有较强的吸引力。由此，薪酬激励不足以及未来发展潜力较小已经成为制约彭水引进外来农村电子商务专业人才的两个重要原因。

（三）重庆城口案例分析

地理位置是物流体系建设水平的一个重要因素，农村地区普遍地理位置不佳，将极大地阻碍物流通道的建设。重庆农村位于西部，集大山区和大库区为一体，农村大多是高山和山脉，交通条件十分不便，导致物流成本普遍偏高。同时，重庆农村居民的居住地十分分散，这就导致重庆农村物流业务数量较少，难以形成较大的规模，多数物流企业就没有动力将物流业务扩展到广大的农村，使得农村物流体系的建设处于较低水平，极不完善。目前，重庆本地农村的物流主要是邮政，其他物流公司的配送最多只到乡镇，极少有物流公司愿意配送至农村，这就导致农民从网上购买的商品无法及时送达手中，方便性和快捷性较低，进而导致农民的网络购物意愿下降，这将十分不利于当地农村电子商务的发展，加强物流服务体系建设已成为发展农村电子商务的重中之重。

重庆城口在近年来着力加强农村电子商务的发展，但从目前城口农村电子商务物流服务体系建设的总体情况来看，其效果仍然不理想，可以从以下三个方面来进行分析。其一，就服务质量来看，大部分的物流公司派件都只能派到县城里面，然后联系收件人到县城里面收取货物，这种收取方式十分麻烦，需要收件人投入较大的精力和时间成本。其二，就服务效率来看，由于邮政具有基础设施和设备的优势，在城口各县城的每个镇上都会设立一个邮政站点，它们可以将货物派件到镇上的站点，然后通知农民到镇上去收发货物。但是邮政这种方式不仅价格昂贵，而且时效还达不到想要的结果。其三，就服务范围来看，城口农村均有自己当地特色的农产品，包括水果及蔬菜等，这些农产品要运送到城镇进行销售就必需良好的物流体系来支撑，但目前的情况是大多数农产品难以运输出去，存在运输时间长以及运输成本高的问题，极大地阻碍了当地农村农产品的销售。以上三点是城口目前在发展农村电子商务中物流面临的主要问题，在接下来的发展过程中，要根据物流服务质量、物流服务效率以及物流服务范围三个方面来采取针对性的解决措施。

（四）重庆巫溪案例分析

品牌因素是促进某产品知名度提升及销量提高的重要引擎，只有打造符合重庆本地特色的农产品品牌，才能推进重庆农村电子商务的快速发展。重庆农村地区的农业生产具有规模经济效应较低、生产投入产出率不高的劣势，家庭经营是农村农业发展的重要模式，由于规模经营较小就导致形成特有的品牌效应较为困难，同时也无法支付市场营销及其他费用。虽然目前重庆已有一系列知名度相对较高的农产品品牌，但这还远远不够，重庆农村电子商务企业的竞争实力普遍较小，本就规模较小的企业缺乏特有的品牌竞争力，将进一步加剧电子商务企业的经营困难和品牌塑造缺失。与此同时，在塑造区域特有的品牌以外，还要注重这些品牌的内在质量发展，只有提高品牌的质量和知名度，才能够满足广大城镇市场居民的源源不断增长的农产品需求。

重庆各地区均具有各自的地理特色，根据地理特色进行当地产品品牌形象塑造可视为发展农村电子商务的重要方向。已有武隆、云阳及秀山等地的品牌成功塑造，但农村电子商务起步较晚的巫溪则面临难以打造农产品品牌形象这一难题，亟须得到有效解决。

重庆巫溪也具有本地特有的特色农产品，比如马铃薯和蜂蜜，虽然这些农产品质量十分好，但由于尚未塑造良好的、知名度较大的农产品品牌，缺乏对公共品牌的认知和打造，无法利用农产品品牌口碑来对农产品进行宣传，导致这些农产品销售市场仅限于巫溪当地，仅打开了部分重庆市场，更别说更为广阔的全国市场。由于巫溪农村电子商务品牌营销策略尚未完善，在今后发展当地农村电子商务的时候，可以试图打开品牌效应尚未形成这一缺口，借鉴“梁平柚”“合川桃片”“奉节脐橙”的品牌塑造经验，结合当地农产品的特色及市场需求，制定合理的品牌营销战略，为发展巫溪农村电子商务提供新的思路。

（五）重庆南川案例分析

由于农村电子商务在发展过程中受到多种不利因素的限制，政府应出台相关的针对性的政策措施，解决这些不利因素对农村电子商务发展的影响，政府扶持力度已经成为发展农村电子商务的关键因素。对此，政府必须出台相关政策用于农村电子商务模式创新、专业人才培育以及提高农民和电子商务企业的积极性，因地制宜找寻重庆农村电子商务发展的确切方向，进而促进农村巨大市场的释放。政策支持要综合涉及农村电子商务的金融、物流、市场以及人才等方面。各个下级政府部门要切实实并且保证政策的落实，从而助推农村电子商务发展。

相较于全国农村电子商务发展较好的地区来讲，重庆农村电子商务的发展水平则急需进一步提高，而其中一个重要制约因素就是政策扶持力度不够。以重庆南川为例，近些年南川对农村电子商务发展极为重视，但政策支持力度还远远不够。其一，该区关于发展农村电子商务的政策文件较少，虽在相关政策文件中已经明确表示对入驻电子商务产业园的电子商务企业给予一定的经济奖励，但奖励额度普遍较小，无法真正地提高电子商务企业开展农村电子商务业务的积极性。其二，政府资金扶持大多集中于电子商务平台建设及物流体系建设两个方面，覆盖范围较小。农村电子商务是一个涉及多方面的综合复杂工程，相关政策在农村电子商务人才培育及引进、基础设施建设等方面则尚未有明确指示，无法形成有效的政策支撑。由此，南川政府部门急需制定针对当地农村电子商务发展制约因素的政策，通过政府引导来降低这些制约因素对农村电子商务发展的负面作用。

二、重庆发展农村电子商务的启示

（一）重视电子商务基础设施建设

互联网信息平台是推进农村电子商务发展的依托载体，必须重视电子商务的互联网信息基础化设施的建设力度。除此之外，还要保障电子商务的活动能够快速地进行，就必须加快完善网上支付、信用认证、安全的电子商务服务机制。为了有效地推进农业电子商务的发展，赋予快捷性、方便性的特征，必须重视农业电子商务的产品仓储布局和优化，重视物流的配送，从而基于基础设施的建设层面，推进农村电子商务的发展。

（二）大力培养农村电子商务人才

电子商务的发展离不开人才，各个国家在发展电子商务时都将人才培养提到战略高度。因此，重庆发展农村电子商务也需重视人才培养，提高广大农民接受教育的程度，通过培训，提高重庆市农民计算机和网络应用的水平，改善农民的信息素质，增强电子商务的意识和能力。

（三）健全农产品物流服务体系

在农业电子商务的发展中，农产品的物流服务体系占据了尤为重要的组成，因此，必须不断地对农产品物流服务体系进行健全，从而有效地提升农产品的整体效率和效益。在电子商务发展过程中，具备了较为专业化的电子商务服务平台，同时电子商务的物流服务也具备了较高的社会化程度。而重庆市的农产品整体的生产规模较小并且分散，整体的流通速率相对较低。因此应当以构建信息技术为核心，将储运及农产品的包装等技术，作为推进农产品电子商务发展的主要技术支撑点，以此来有效地促进电子商务的进一步发展。

（四）促进农产品信息服务主体多元化

通过促进农产品信息服务的信息多样化，满足农产品经营主体的多样化需求，从而促进农村电子商务的发展。重庆市应借助其优势所在，依照我国农业电子商务的发展趋势，结合其发展现状，引入多元化的农产品信息服务主体，从而明确经营主体的多样化需求，有针对性地开展农产品电子商务信息服务。

（五）改善农业电子商务服务环境

要想推进农业电子商务的发展，就势必要重视农业电子商务的服务，因此，政府相关部门必然需要重视这些方面的建设工作。通过借鉴国外发达国家的农业电子商务发展的经验，逐步对重庆市农业电子商务的服务环境相关机制、信用体系进行完善，规范和约束农产品电子商务的行为，保障重庆市的农业电子商务发展环境的真实有效性。依照我国农业电子商务具体发展情况，针对性地构建农村信息交流市场。不断完善农业保险体系，实现相关机制，规避农业电子商务发展中的风险，最大程度地减少损失。此外，还需要构建和完善农村信息化保障机制。

（六）积极培养独具特色的品牌

农村电子商务要实现更进一步的发展，就必须要有品牌作为支撑。不同地区差异明显，各个地区一定要明确自己应该发展什么样的产业，与当地特色紧密相连，打造属于本地的品牌产业，使之成为地方的一张名片。企业应当树立自己的经营特色，首先可以结合当地文化特色，出产特色产品。特色乡村农产品与当地的民风、名人轶事、著作和名胜古迹、革命圣地等相互融合，形成了一个具有自主价值的特色乡村农产品品牌，提升农产品在市场上的销售层次。只有成为消费者真正需要的产品，满足消费者的需求，才能在市场上形成规模效益，使产品的销售额不断上升，提高市场份额。江津区在由政府部门牵头打造江津区特色产业和品牌同时，严把产品质量关，对于以次充好的产品坚决抵制，建立起一套完整的质量检测体系，挖掘品牌的文化潜力，线上线下宣传，打造独具特色的品牌。

（七）要谨慎制定发展电子商务的公共政策

政府和区域组织通过公共政策引导人、财、物和信息的有效流动。研究和发展电子商务的公共政策包括互联网的组织管理政策、税收制度、信息访问的费用、信息传输成本、隐私保护、知识产权保护等问题。因为各地科技和经济实力、教育发展水平、自然地理环境、人口状况、政治制度、信息基础等存在着很大的差异，重庆市电子商务公共政策要鼓励、引导民间投资信息基础设施建设，以公众的需要来组织信息服务。

（八）建立电子商务管理和协调机制

对于重庆这样的内陆城市而言，发展电子商务要坚持“有所为，有所不为”的基本方针，集中力量解决农村电子商务发展中最迫切的关键性问题。各地政府动员和利用全社会的资源来发展农村电子商务是义不容辞的责任，而这需要有一个统筹、协调重庆农村电子商务活动的组织机构和相应的战略、政策、程序、规则和标准，逐步建立规范的电子商务管理制度，最大限度地发挥政府在发展农村电子商务方面的引导作用。

第九章

重庆农村电子商务的发展思路与对策

一、重庆发展农业的环境优势

重庆地处中国西南部，长江上游地区，其北部、东部及南部分别有大巴山、巫山、武陵山、大娄山环绕。地貌以丘陵、山地为主，坡地面积较大，有“山城”之称。辖区东西长 470 千米，南北宽 450 千米，辖区面积 82402.95 平方千米，为北京、天津、上海三市总面积的 2.39 倍。

重庆气候温和，属亚热带季风性湿润气候，重庆境内江河纵横，水网密布，年平均水资源总量 5000 亿立方米，水及水能资源十分丰富，重庆市年平均气温 16～18℃，长江河谷的巴南、綦江、云阳等地达 18.5℃以上，东南部的黔江、酉阳等地 14～16℃，东北部海拔较高的城口仅 13.7℃，最热月份平均气温 26～29℃，最冷月平均气温 4～8℃，采用候温法可以明显地划分四季。重庆市平均年降水量也较丰富，大部分地区在 1000～1350 毫米，降水多集中在 5～9 月，占全年总降水量的 70%左右。重庆市年平均相对湿度多在 70%～80%，属高湿区。重庆市的主要气候特点可以概括为：冬暖春早，夏热秋凉，四季分明，无霜期长；空气湿润，降水丰沛；太阳辐射弱，日照时间短；多云雾，少霜雪；光温水同季，立体气候显著，气候资源丰富。

目前，重庆耕地面积 162.2 万公顷，年降雨量 353.3 毫米，年均日照小时数 1336 小时。最高海拔 2796.8 米，最低海拔 73.1 米。重庆是一个农业生产的城市，粮食商品率、人均粮食产量和人均肉类在全国多年位居全国第一。在农村产业结构进一步优化，农业作为经济基础，进一步巩固基础，全省粮食生产能力继续增加，粮食产量逐年稳步增加。

二、重庆农村电子商务的发展现状

近年来，重庆市将农村电子商务发展作为农村产业结构调整、农民增收致富、构建农村新型流通体系、全面推进乡村振兴的突破口，农村电子商务发展较快。

（一）基本形成覆盖全市的公共服务体系

通过政府自建、引进大型平台建设以及培育本地企业建设等多种方式，加快整合县域物流资源，完善物流配送体系、服务体系。从 2018 年开始，重庆的乡镇快递、行政村光纤和 4G 覆盖率就已达 100%。

（二）市场主体不断壮大

先后与阿里巴巴、京东商城、工商银行融 E 购等合作，积极培育、支持在村头、香满园、武陵生活馆、寻农记等本土特色农村电子商务发展，激发内生动力，带动创业就业。

（三）实施农产品电子商务化改造，标准化、品牌化建设，质量追溯管理，发挥品牌带动作用

采用“乡村旅游 + 农产品”“政府 + 市场”“优质产品 + 优质市场”的模式，大力培育“香海棠”“百味万州”“山韵黔江”“寻味武隆”等 30 余个区域公共品牌，打造秀山土鸡蛋、奉节脐橙、巫山脆李等网络热销爆款，实现农村产品网络销售和旅游相互支撑、相互促进。

（四）积极运用电子商务开展帮扶

通过电子商务扶贫（重庆）高峰对话会、重庆电子商务扶贫联盟、签订电子商务扶贫项目、重庆电子商务扶贫爱心购微信平台等，开展了特色农产品及乡村旅游的营销、金融、技术等帮扶，结成“一对一、多帮一”长期稳定帮扶对子，统筹力量集中营销，精准到村、到户、到人，线上、线下联动。

（五）不断加强电子商务人才队伍培养

通过商贸系统相关领导干部、中青年干部，区（县）分管区（县）长的培训，提升了政府推动农村电子商务发展的能力，逐步形成了一批愿做农村电子商务、能做农村电子商务的人才队伍。但是，重庆市农村电子商务的结构方式创新及智能化水平与数字乡村的同步等方面存在不足，部分区（县）的电子商务农产品也存在同质化现象。这与重庆市处于欠发达地区、农村信息化水平差异大等相关。目前，全重庆市已建成行政村电子商务服务基层站点 300 个，已初步构建起了“主城区一级分拨中心——区县电子商务物流配送中心——末端公共取送点”的三级物流区域布局体系，四级物流体系框架，申通、圆通、中通、顺丰、韵达等第三方物流在多数区县布点，服务延伸到乡镇。重庆邮政拥有二、三级独立物流分拨中心各 1 个，区县级仓储处理中心 38 个。在全市各区（县）街道乡镇布点建设了 300 多个“快递下乡”网点，并形成冷链物流四级节点，拥有冷藏车 619 辆，冷库 166 座，培育冷链物流企业 176 家。

（六）第四方平台全方位助力重庆农村电子商务发展

由重庆市在村头农业综合开发有限公司运营的“在村头”平台，侧重于提供线下卖方服务。目前建成行政村电子商务服务基层站点 300 个，通过两堂电子商务课程，重点培训农产品包装、物流方面的知识，分享市场信息，举办创客交流会。平台集聚一批农村电子商务带头人，整合市场信息指导农业生产，帮助村民通过电子商务平台销售土特产，促进特色产业发展和精准扶贫。重庆猪八戒网络有限公司作为中国领先的服务众包平台，整合入驻平台的服务商，向农村电子商务提供专题服务，包括电子商务品牌策划、App 开发、农产品电子商务方案、农特产品微商方案、农村上下行电子商务方案等。目前在猪八戒平台入驻可提供农村电子商务第四方服务的商家有 1569 家。

（七）地方政府大力支持农村电子商务发展

各区县尤其是两翼区县政府也非常重视农村电子商务工作。

秀山县出台四大政策举措支持当地农产品电子商务发展，初步形成了依托现代物流园、引进专业电子商务团队、打造云智网商城、强化电子商务企业孵化、推动区域电子商务发展的“秀山模式”。据了解，为了保证农产品质量，秀山建成了农产品交易检验中心和12种农产品进城基地，在全市创新构建农产品质量追溯体系。以“武陵生活馆”为代表的电子商务发展模式已成为秀山县经济发展的增长点、农村群众脱贫的致富路、为百姓服务的方便门。

奉节县着力从营造村淘氛围、高标准招募合伙人、快速筹备开馆营业等三方面支持“农村淘宝”工作，助推当地农产品电子商务发展。奉节县委、县政府与阿里巴巴农村淘宝接洽，通过“千县万村”工程有效解决农产品的上行信息流、物流等短板，促进贫困户和广大农户节支增收、脱贫致富。

荣昌区成立了集农产品交易、农牧电子商务人才培训、农牧电子商务企业孵化等多功能于一体的农特电子商务产业园，构建了苏宁云商荣昌运营中心、农产品质量安全溯源中心、农产品电子商务金融服务中心等“八大平台”，扩大了荣昌本地农特产品的销售范围。重庆荣昌农特电子商务产业园正式成立，并将全力打造成为国家电子商务示范基地。目前，重庆荣昌农特电子商务产业园已有苏宁云商、探谷星农学院和一批重庆本土电子商务企业等入驻。猪、生姜、鹅、蜂蜜等农特产品将进入苏宁网站进行线上全国销售，这将大大扩大荣昌本地农特产品的销售范围，有利于荣昌农特产品品牌的打造。

城口县出台《关于加快发展电子商务的实施意见》，提出了完善网络基础设施体系、培育和引进一批具有影响力的电子商务主体、加快电子商务物流配送体系建设、培育发展秦巴山货电子商务平台、积极拓展电子商务应用领域等五项重点工作任务。据城口县商务局获悉，农村电子商务综合服务站点建设的基本完成，进一步健全了农村电子商务综合服务体系。

梁平区率先编制完成了《梁平区电子商务产业发展规划（2015—2025年）》，设立奖扶资金3000万元用于乡镇和村级电子商务服务中心基础建设，一次性奖励扶持资金不少于0.6万元。与阿里巴巴合作，建成县级农村淘宝电子商务服务中心。虽然农村电子商务发展势头猛进，政府扶持力度亦不断加大，但现实却与预期存在一定的差距。政府投入力度大但效果并不显著；各涉农企业跃跃欲试开展电子商务业务却大多以遗憾收场或变为鸡肋；农民对农村电子商务满怀期待却举步维艰。从平台搭建时政府助力的视角来看，重庆农村电子商务平台呈现政府助力较强的生态特征，如表9－1所示。

表9－1 区县政府助力搭建的农产品电子商务平台一览表

区县名称	发展现状
万州区	支持创建了中国血橙网和白羊柠檬网，当地特色农产品得以网上直销。
云阳县	创建网络平台，将全县的农村电子商务综合服务站点、网商集聚融为一体，搭建起县、乡、村三级电子商务共谋发展的平台。
涪陵区	依托微信商城开办了农村电子商务平台“农宜网”，并将物流配送延伸到各个乡镇街道，为农民网购和农产品网售创造了便利条件。
黔江区	重点培育“亲戚田园”电子商务平台，启动了24个乡镇农产品电子商务营销点建设。
酉阳县	创建的“桃花源赶场天”和“酉东电子商务城”两个电子商务平台已初具规模，在县域内有了一定影响力。
荣昌区	搭建“在村头”乡村电子商务平台，已经探索形成“农产品进城、工业品下村”便民服务的新模式。
巫溪县	有本地涉农电子商务平台巫溪网、邮乐购、超社惠、展信果蔬、渝陕鄂电子商务平台等。
秀山县	通过打造本土大型电子商务交易服务平台——云智网商城“武陵生活馆”和引进阿里巴巴电子商务平台，已形成“180多家农村电子商务企业＋遍布行政村的农村网点＋10亿销售额”的农村电子商务网络。
梁平区	大力扶持本土电子商务企业天农八部发展，实现了梁平特色农产品梁平柚的网上销售。
忠县	组建了“忠县主流”“万众电子商务”两家本土电子商务营运平台。
奉节县	建立农村淘宝县级运营中心，设立100个农村淘宝村级服务站，淘宝奉节馆已有300多种农特产品上线销售，培育了“乡间本味”等一批本土电子商务平台。

三、重庆农村电子商务调研情况

（一）调查方式

一般情况下，研究区域农村电子商务发展问题，可以从统计年鉴和相关部门的数据报告中获取资料，然后利用定量分析方法进行分析。然而，本书通过数据搜索发现，对于重庆农村电子商务发展的统计资料较少，且涉及的指标和信息有限，需要通过项目组成员实地考察、问卷调查、走访调研等形式来得到重庆农村电子商务发展的第一手数据资料。因此，本书采用问卷调查的形式来收集所需资料数据，本次调研对象为重庆本地各乡镇农村农户。

（二）问卷设计

问卷采用自编的“重庆市农村电子商务发展情况调查问卷”，问卷包括三个部分，共15个问题。第一部分是甄别题，用于甄别受访者是不是重庆各乡镇的农村农户；第二部分是关于被调查对象的个人基本信息；第三部分是被调查对象关于对重庆农村电子商务了解和使用情况。问卷编制是在参考以往相关研究的基础上编制而成，初稿编制完成后，邀请专家教授对问卷内容进行IOC测试，并对问题设计、语句描述、是否贴近重庆农村电子商务实际等方面进行详细分析，根据测试结果对调查问卷进行修改和增删项目，形成最终的正式问卷。最终调查问卷详见附录。

（三）问卷的发放与收集

本次问卷采取的是实地发放方式，发放时间集中在2022年的9月到2023年6月期间。笔者主要是采取的便利抽样方法，发放的地点包括重庆市主城九区和主城新区各乡镇。本研究共回收问卷3000份，通过甄别题，收到有效问卷2367份，有效率为78.9%。

（四）样本人口统计信息分析

在本次调研过程中，不同性别、各个年龄段以及受教育程度都有所涉及，经过统计整理本次问卷中受访者的基本信息如下表9－2所示。

表9－2　样本人口统计信息分析

变量	选项	频数	百分比（%）
性别	男	1032	43.6
	女	1335	56.4

续表

年龄	25 岁以下	218	9.2
	25－40 岁	651	27.5
	41－60 岁	703	29.7
	60 岁以上	795	33.6
受教育程度	初中及以下	624	26.4
	中职/中专/高中	810	34.2
	高职/大专	675	28.5
	本科及以上	258	10.9

1. 受访者性别分布情况

根据 2367 份有效问卷的数据分析结果显示，居住在重庆主城和新城各乡镇的农村农户中男性有 1032 人，占样本总数的 43.6%；女性有 1335 人，占样本总数的 56.4%。从这个数据分析结果可以看出，许多男性农户外出打工的多于女性农户。

2. 受访者年龄段分布情况

在这 2367 份样本中，25 岁以下的有 218 人（9.2%），25～40 岁的有 651 人（27.5%），41～60 岁的有 703 人（29.7%），60 岁以上的有 795 人（33.6%）。年龄统计结果表明，25 岁以下这个年龄段的农户可能要么外出学习，要么外出打工，留在家乡的年纪普遍偏大。

3. 受访者受教育程度分布情况

通过调查样本分析，受访者中初中及以下学历有 624 人（26.4），中职/中专/高中同等学力有 810 人（34.2%），高职/大专学历有 675 人（28.5%），本科及以上学历有 258 人（10.9%）。从这个数据可以看出，重庆农村留守农户普遍受教育程度不高。

（五）样本人口对重庆农村电子商务了解和使用情况的调查情况

1. 受访者平时上网的频率

农村居民网络应用水平日益提高，农村居民通过智能手机进行网络连接，为农村电子商务应用搭建连接终端。本次调查有1276人（54%）的受访者选择经常上网，有858人（36%）的受访者选择偶尔上网，有233人（10%）的受访者选择基本不上网，如图9-1所示。

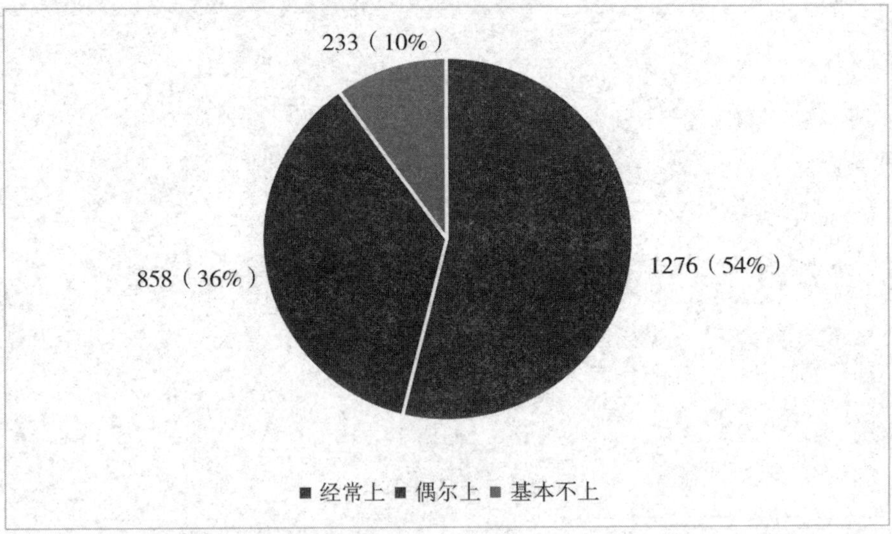

图9-1　重庆市农村居民上网情况统计结果

2. 阻碍受访者上网的原因

本次调查的受访者中，有1225人偶尔或者基本上不上网，其中有267人是因为不太会用；有411人是因为上网价格贵；有198人是因为网络未通/网络信号不好；还有349人是因为没有时间、没有兴趣、认为网络不安全等其他因素造成的，如图9-2所示。

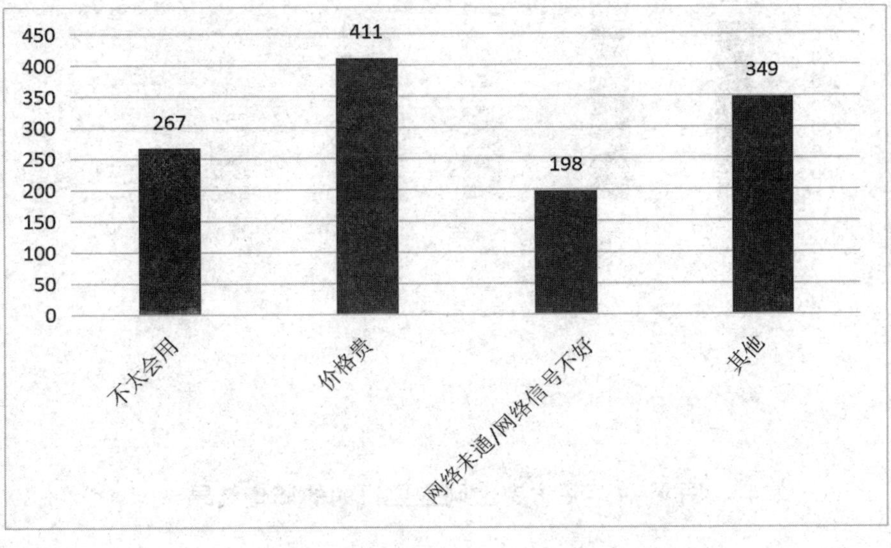

图9-2　阻碍受访者上网的原因调查结果

3. 受访者上网工具的调查

在这2367份样本中，有661人（28%）选择了电脑，有1152人（49%）选择了手机，有554人（23%）选择了二者兼有，如图9－3所示。

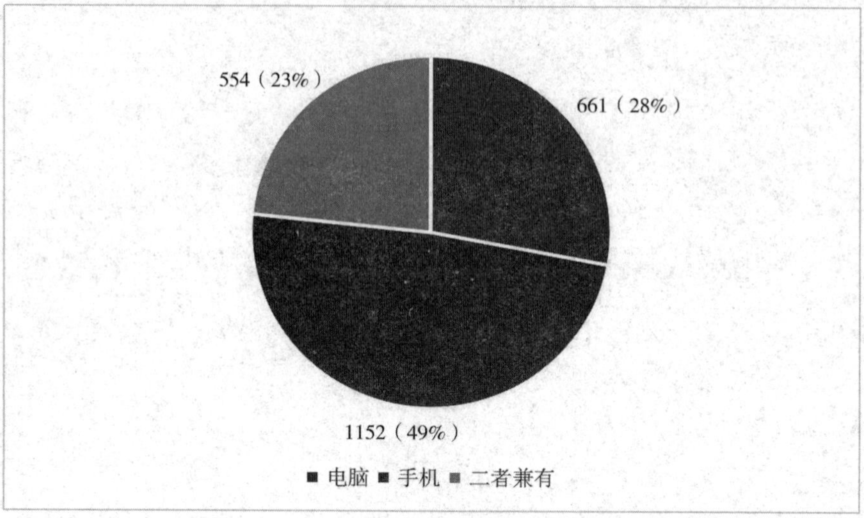

图9－3　受访者上网工具的调查结果

4. 受访者上网主要目的的调查

本次调查中，有762人上网的目的是聊天，看电影电视、短视频、打游戏的有864人，学习的有402人，购物的有623人，做生意的有237人，还有24人是工作需要等其他原因，如图9－4所示。

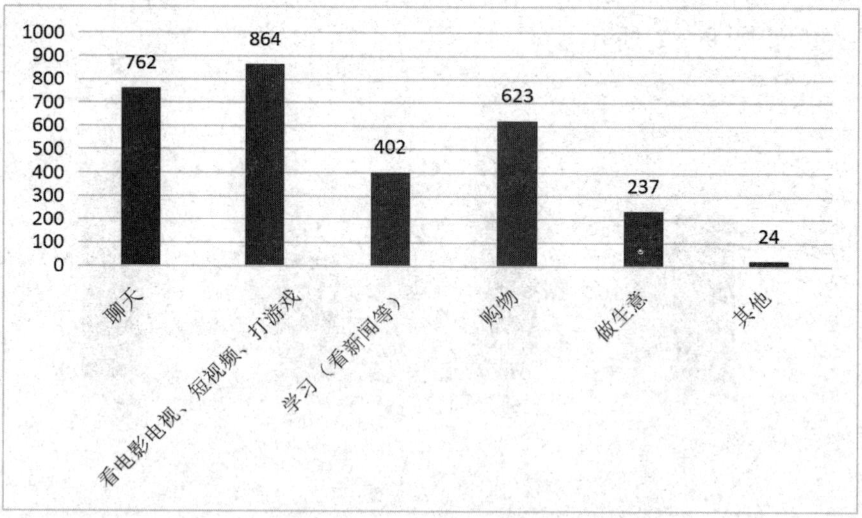

图9－4　受访者上网主要目的的调查结果

5. 受访者上网购物的情况调查

本次调查中，有 947 人（40%）上网从不购物，有 797 人（34%）上网偶尔购物，有 623 人（26%）上网经常购物，如图 9－5 所示。

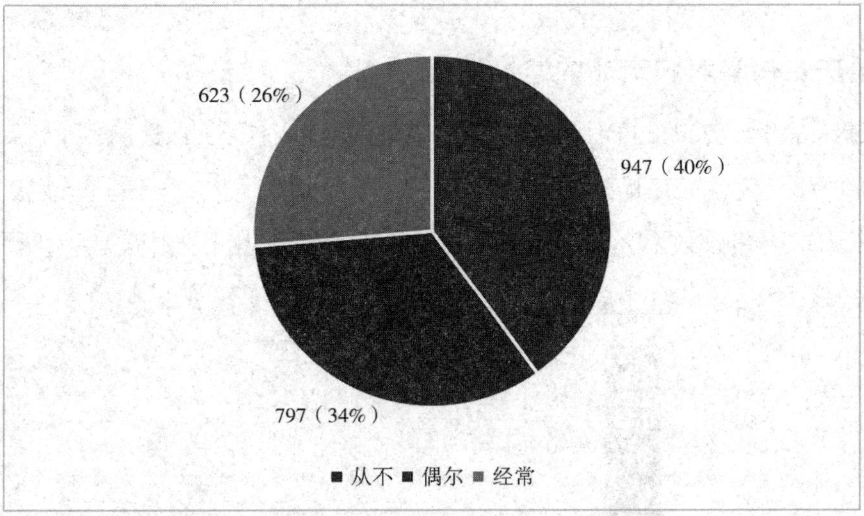

图 9－5　受访者上网购物的情况调查结果

6. 受访者平时购买农产品途径的情况调查

在农产品购买途径的统计调查中，重庆农户主要以线下形式来实现，最主要的途径为自己种（1508 人），其次为农贸市场（631 人），还有一部分选择超市或小摊（578 人），选择网购的数量最少（192 人），如图 9－6 所示。

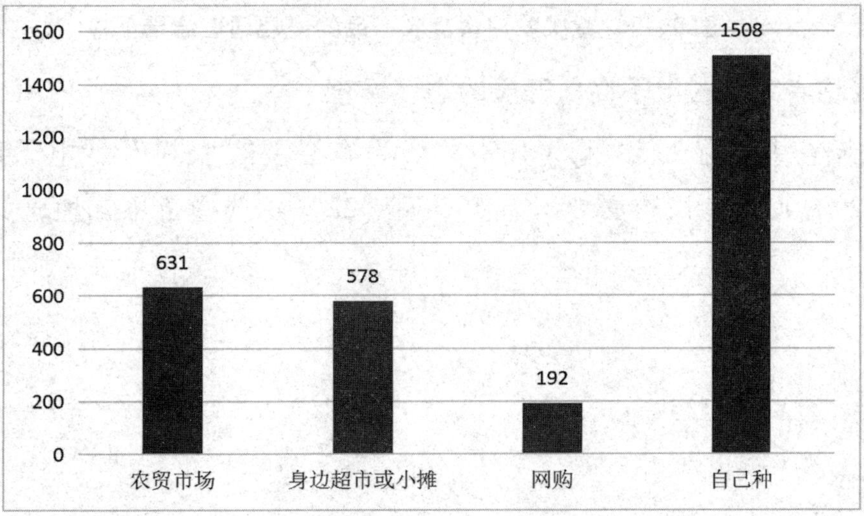

图 9－6　受访者平时购买农产品途径的情况调查结果

自己种植可以降低农民的生活成本，农贸市场能够解决农民所需农产品的品种问题，超市或小摊能够满足农民的便捷性，网购能够扩大农民农产品的选择范围，当然需求强度、需求数量、产品质量和物流等都是制约其规模发展的重要因素。

7. 重庆农户售卖农产品的途径调查

在农产品售卖方式的统计调查中，重庆农村居民一是农民自己拉到农贸市场上销售（788 人），二是通过网络途径销售（116 人），三是通过农业经纪人收购（78 人），四是农村合作社（36 人）售卖农产品，如图 9－7 所示。

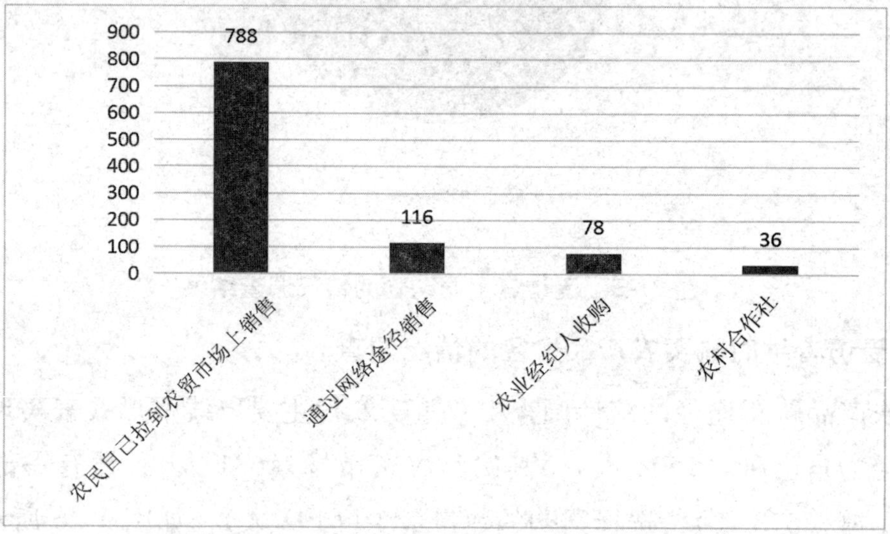

图 9－7　重庆农户售卖农产品的途径调查结果

8. 受访者对农村电子商务开展的态度调查

本次调查中，有 1158 人（49%）认为有必要在农村开展电子商务，有 679 人（29%）认为没有必要，有 530 人（22%）选择了不知道，如图 9－8 所示。

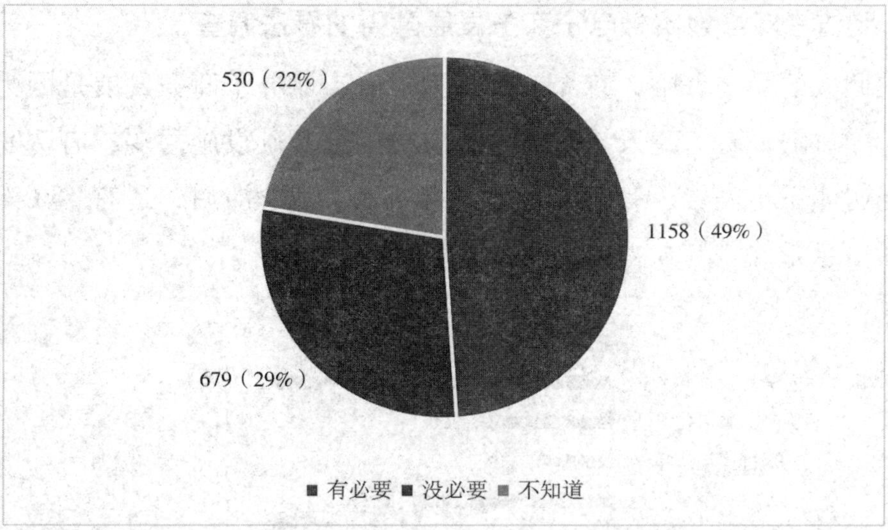

图9－8　受访者对农村电子商务开展的态度调查结果

9. 受访者对重庆农村电子商务发展优势的看法调查

根据调查，有578的受访者认为网络技术越来越成熟是重庆发展农村电子商务的优势；有711的受访者认为新的发展机遇、市场巨大是重庆发展农村电子商务的优势；有647的受访者认为农村消费需求提升是重庆发展农村电子商务的优势；有472的受访者认为国家政策支持是重庆发展农村电子商务的优势；还有613的受访者认为农村群体庞大是重庆发展农村电子商务的优势，如图9－9所示。

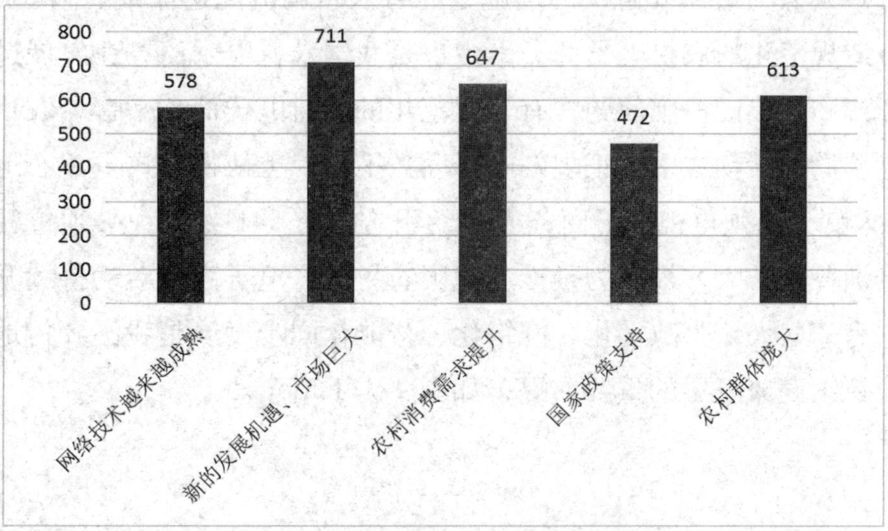

图9－9　受访者对重庆农村电子商务发展优势的看法调查结果

10. 受访者对当地农村电子商务发展障碍的看法调查

本次调查的受访者中，有 637 人认为阻碍当地电子商务发展是因为农村电子商务人才短缺；有 723 人认为是因为农村信息基础设施薄弱；有 798 人是因为物流配送体系不完善；有 421 人是因为当地人观念滞后；还有 556 人是因为城乡地区信息条件差异大，如图 9－10 所示。

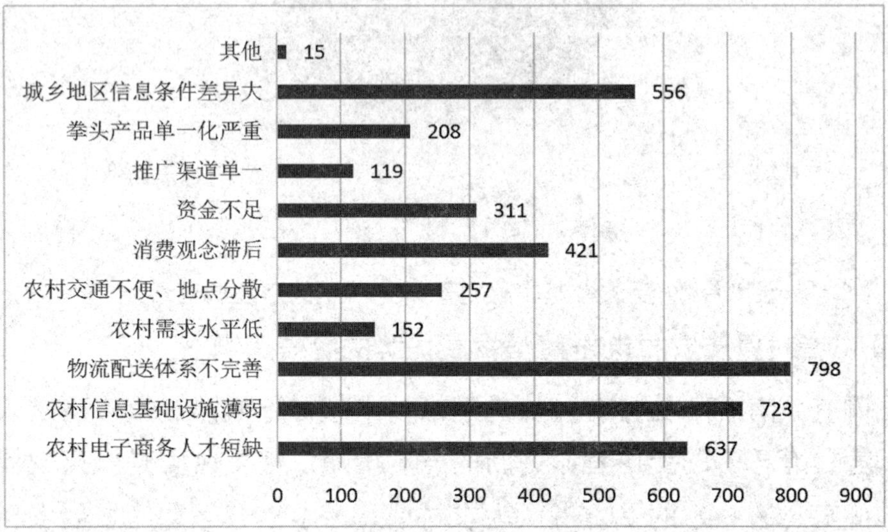

图 9－10　受访者对当地农村电子商务发展障碍的看法调查结果

11. 受访者对农村电子商务需优先解决问题的看法调查

有 798 人认为最需要解决的问题是完善农村物流配送体系的问题。有 762 人认为打造规范化的农村电子商务平台也是我国农村电子商务在发展过程中需要优先考虑和解决的一个问题，有了规范化的农村电子商务平台，农户才能积极参与电子商务活动之中，正规的电子商务平台，也使得农户更放心地参与其中。637 人认为必须重视电子商务人才的引进，有 541 人认为必须重视开展电子商务培训普及，人才被认为是推动我国农村地区电子商务活动持续开展的重要基础。有 219 人认为数字化、网络化、智能化同步发展是我国农村地区电子商务事业持续健康发展的重要前提，如图 9－11 所示。

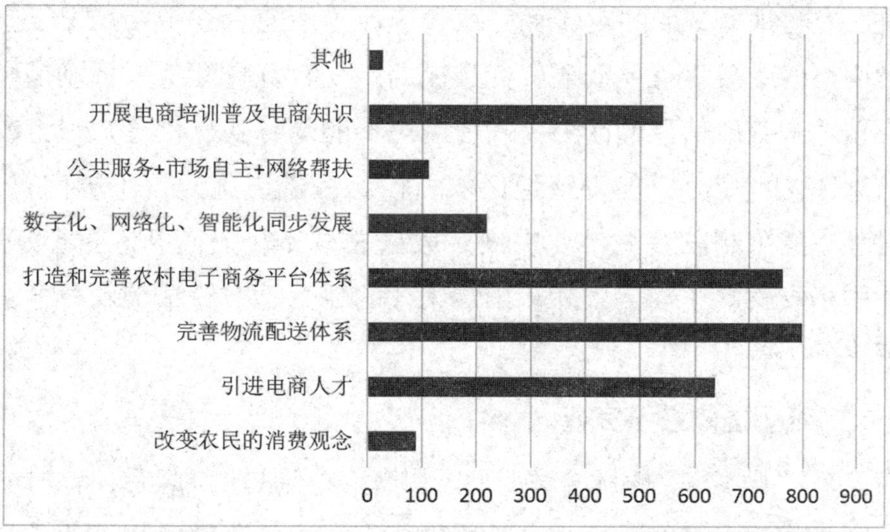

图 9－11　受访者对农村电子商务需优先解决问题的看法调查结果

四、重庆农村电子商务发展存在的问题

尽管重庆农村电子商务发展迅速，但是由于受自身地理位置，经济发展水平，农民的消费观念等因素的影响，重庆农村电子商务发展处于起步阶段，仍存在人才缺乏，物流配送体系不完善等诸多问题。

（一）消费观念滞后

重庆地处西部内陆地区，由于地域以及经济发展水平不高等原因，农民的消费思想相对保守。农民习惯于传统的“一手交钱，一手交货”的现货买卖，对于当前正迅速发展的农村电子商务认识不够，网上购物、网络消费以及网上支付等新鲜事物接受起来存在一定的难度。特别是涉及网上支付，大多数农民担心出现安全问题，依然有很多顾虑。农民思想相对保守导致消费观念滞后给农村电子商务发展带来了挑战。

（二）重庆农村电子商务人才短缺

2022 年我国互联网信息中心在北京发布了“关于中国互联网网络发展统计报告”。统计报告显示，截至 2022 年 12 月中旬，我国农村网民用户就突破了 2200 万，比上一年增长了整整 1000 万。但是尽管我国农村网民比例增加了，但是我国农村地区的电子商务发展依旧呈现缓慢增长状态，尤其是在我国西南部重庆农村地区，农村电子商务增长速停滞不前。这主要是由于重庆农村地区网民用户的受教育程度普遍较低造成的。受教育程度水平将直接影响他们利用网络技术来获取信息的能力。农村网民不能及时获取信息知识，或者是获取到的信息知识不充分，使得该地区农村信息基础设施建设不够完善。另外，由于农村环境的限制以及城市化发展，大量农村年轻人离开农村，定居城市，进一步加剧了农村电子商务人才流出。人才的缺失是当前重庆农村电子商务发展亟待解决的问题。

（三）物流配送体系不完善

重庆又名“山城”，山脉众多，地势崎岖，交通较为落后，农村交通尤为不便，农产品物流成本高；再加上重庆农村人口居住分散，物流业务量少难以形成规模，使得农村物流配送体系极不完善。目前，大多数物流公司的配送只到重庆乡镇一级，这使得农民在网上购物的产品难以直接送达手中，网上购物方便快捷这一最大的优势大打折扣，农民网购的积极性也随之下降。同时，农民的特色农产品也很难通过网络利用物流方便快捷地销售出去，极大地限制了重庆农村电子商务的发展。总之，物流配送是电子商务发展的重要环节，相比江浙沪包邮，物流配送体系不健全是重庆农村电子商务进一步发展必须面对和解决的问题。

（四）重庆农村信息基础设施薄弱

不论是城镇地区还是农村地区，信息基础设施建设的完善与否都会对该地区的信息化发展造成影响。而重庆市处于我国的西南地区，其信息化水平比较落后，这直接造成了重庆农村地区各方面发展落后的现况。农村信息基础建设，包括互联网信息技术、移动通信技术等，在一些发展滞后的农村地区，互联网信息技术和移动通信技术还很难实现普及。在重庆市一些农村地区，甚至连电视、广播等简单信息基础设施的普及都很难实现。这些落后局势，都使得重庆农村电子商务完全普及成为不可能。

（五）重庆城乡地区信息条件差异大

重庆市位于我国相对落后的地区，该地区的信息条件比较落后。甚至在一些城镇地区都很难实现信息条件的完善。相比之下，农村地区的信息条件更是苦不堪言。在重庆市农村地区，一般是没有电信网、移动网、联通网等信息条件的。而且受到重庆市所处地理位置的影响，在农村地区不能实现互联网的连接，这样就切断了农村基层群众参与电子商务的经济往来途径。除此之外，重庆城市地区在信息条件相对比农村地区越来越丰富，这种场景使农村居民都走入城市，而不是发展农村地区信息条件。这样农村地区的信息条件永远都不会有所发展，导致农村地区信息条件在原有基础上日渐衰弱。

五、重庆农村电子商务发展思路与对策

近年来，重庆在中国西部的战略地位不断提高，被纳入西部中心城市行列之中，但其农村电子商务的发展还处于初期，模式和应用还不够成熟，研究如何采取有效措施与对策来促进重庆农村电子商务的发展具有重大的现实意义。

（一）改变农民的消费观念

人们的消费观念决定其消费行为，大力发展农村电子商务，必须改变农民相对保守滞后的消费观念，让广大农民从传统的“一手交钱，一手交货”的交易模式中解放出来，逐步建立电子商务消费理念。要加大宣传力度，引导农民学习网络、使用网络，让农民真正认识电子商务，信赖电子商务，真正看到电子商务是一种方便快捷、安全可靠的消费方式。要积极利用电子商务平台推广特色农产品，拓宽农产品销售渠道，让广大农民真正从发展电子商务中得到实惠，真正提高农民的积极性和主动性，为农村电子商务发展打下坚实的群众基础。

（二）加强电子商务培训和引进电子商务人才

发展农村电子商务，人才是重中之重。要积极自主培训、对外引进等方式培养人才，为农村电子商务发展提供人才保障。首先，要加强对现有农村电子商务人员的培训。政府及相关企业可邀请阿里巴巴、苏宁云商、京东等知名电子商务平台的专家对相关人员进行网络使用、支付知识、网络推广等专业培训，提高人员的专业素质和业务技能。其次，积极引进人才。当前，由于农村环境及条件的限制，在农村发展的年轻人较少，政府应出台相关的优惠政策，鼓励具有电子商务经验的青年和优秀大学生回乡创业，树立典型，吸引更多的

人才留在农村发展。再次，要留住人才。要通过政策法规宣传等形式让人们看到农村的广大市场，认识到电子商务进农村是电子商务的发展方向，具有很强的发展潜力，蕴藏着巨大的商机，真正为农村电子商务发展留住人才。

（三）完善物流配送体系

物流配送是电子商务发展的重要环节，物流配送体系不健全是重庆农村电子商务进一步发展必须面对和解决的问题，因此，必须加强基础设施建设，逐步完善物流配送体系。首先，加强基础交通建设。目前重庆农村公路建设还不够完善，还未实现公路的“门口对门口”服务。俗话说“要想富，先修路”，重庆市应加强对农村公路交通建设，进一步完善农村交通网，为完善物流配送体系提供基础支撑。其次，提高农村互联网覆盖率。各级政府应积极与中国电信、中国移动等通信公司合作，建立健全农村宽带服务，提高农村互联网覆盖率，引导农民积极使用互联网进行电子商务活动。最后，要加强农村电子商务服务站点建设。一是与阿里巴巴、苏宁云商、京东等知名电子商务合作，在农村建立电子商务服务站。二是鼓励农村小卖部、乡镇超市、农村合作社等积极参与建立农村电子商务服务点，提供收货、送货等服务。三是进行农村配送资源整合，支持和建立农村物流企业，切实完善农村物流配送体系。

（四）扩大电子商务市场主体建设、完善电子商务平台体系

引导重庆市优势行业中大型骨干企业加快应用电子商务，择优重点支持一批本土电子商务企业做大做强。鼓励传统商贸企业网上开店，实现“店商与网商”的有机融合，壮大重庆市网商队伍。加强中小电子商务企业孵化，支持应用电子商务实现创业和再就业。扩大电子商务领域对外开放，积极引进和承接国内外知名电子商务企业来渝设立总部、搭建平台、拓展业务。支持重庆市传统商贸企业、电子商务企业和相关机构采取合资、协作、托管、代理等不同方式，整合社会资源，合作建立电子商务经营机构。

目前，制约重庆市农村电子商务平台建设的最大问题就是对专业的信息化技能和装备对照缺乏。应该加大对现有资源的整合力度，联合当地或是外地的一些大型农贸市场或农业龙头企业，建立多个不同层次的大型、中型和小型农贸产品电子商务平台，并以此为契机，将重庆市星散的农户统一起来，通过各

平台为农户提供便捷的农产品电子商务交易，使平台充分发挥其应有的功效和作用。这样做，能够了解各方农产品信息，整合和优化农村队伍，建立起有效的可信的农村电子商务服务支撑部门，建立农业综合信息服务平台，县要有信息中心、乡镇要有信息站、村要有信息室，给农户提供最新的一目了然的信息，比如现在市场上什么农产品短缺、什么技术利用起来最有效果，以形成综合的信息服务体系。同时，建设平台一定要把握规范的建设方法，准则层的确立必须精确到位，如考虑实用性和适用性，方案层也要考虑构建方式、合作平台等。

巩固发展综合性电子商务服务平台。加快建设重庆电子商务公共服务系统，面向全省企业提供商贸流通网络综合服务。支持重庆市电子商务企业发展综合性电子商务平台，向省内外中小企业提供电子商务服务。鼓励建设具有交易、物流、支付、信息、信用等全方位服务的骨干电子商务平台，支持专业批发市场和大型经营企业开展大宗商品网上现货交易。培育一批在国内市场具有较大影响力的特色产品和行业电子商务平台知名品牌，发展中小网商和家政、旅游、订餐、旧货交易等便民服务细分电子商务平台。逐步形成电子商务重点平台、骨干平台和细分平台有机结合，城市和农村网络交易服务平台有效衔接，不同部门、行业特色平台协调发展的格局，如图 9 - 12 所示。

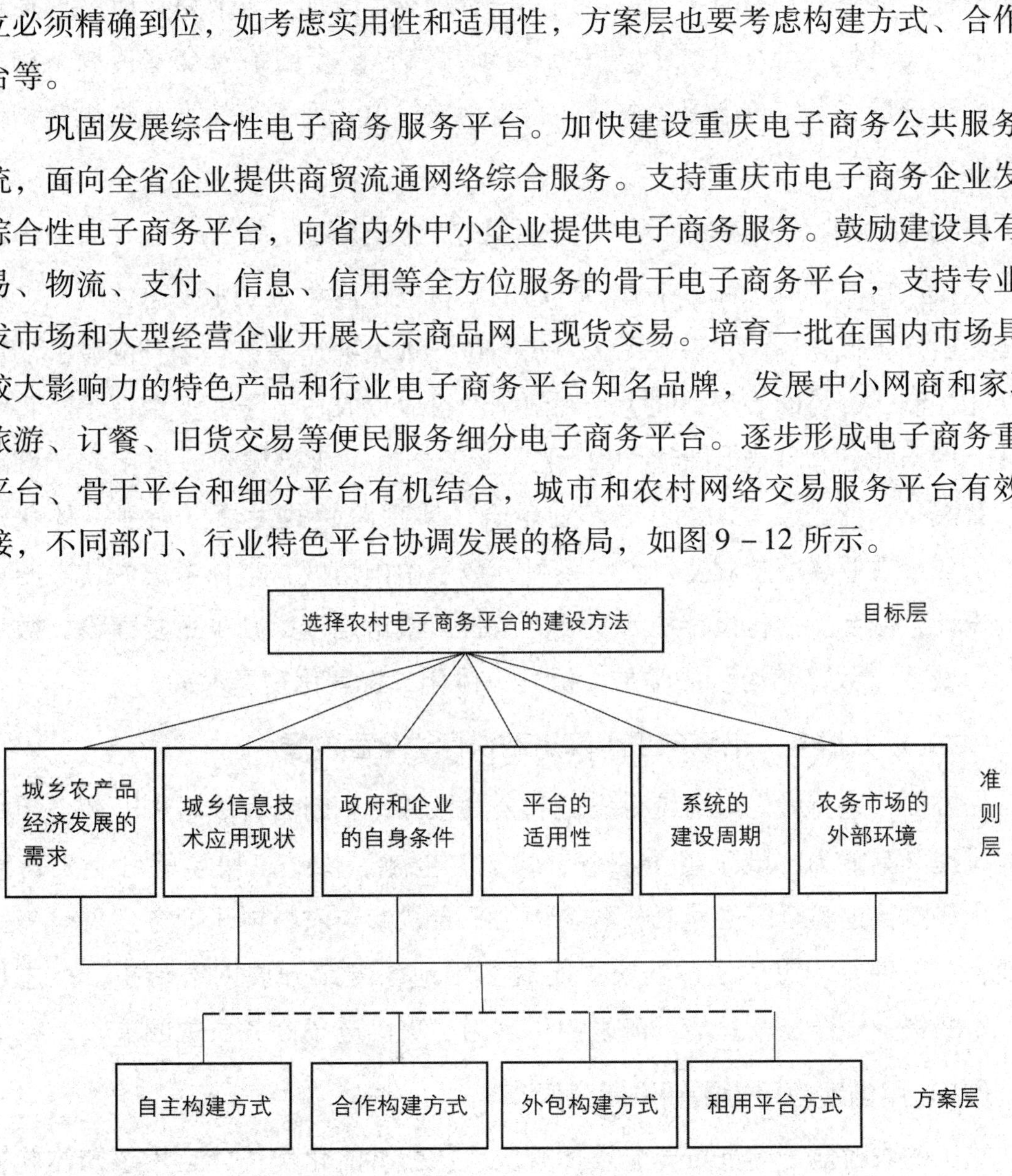

图 9 - 12　农村电子商务平台建设方法图

（五）全方位普及电子商务知识，促进农村电子商务的持续发展

农村信息化、农村电子商务人才仍然缺乏。许多中老年不会上网，网络安全意识和防控能力不强。因此，需将培训纳入长期工作内容，不仅集中进行培训宣传，还可以采取多种方式进行培训。例如，通过“引进来”——与高校科研院所合作；通过“走出去”——组织电子商务相关企业到先进地区学习电子商务产业发展、组织机构运营招商引资经验等方面先进成果；通过“请进来”——筹建区（县）电子商务专题培训，结合国家网络安全宣传周、相关科普活动开展普及宣传学习等方式，最终为农村电子商务持续发展提供知识能力支撑。

（六）数字化、网络化、智能化三同步实现一体化发展

从重庆市农村电子商务来看，全市的农村电子商务发展水平总体不高，数字化、生产机械化还没实现，无法一步到位实现大数据采集，全程溯源，品质数字化控制，交易的市场空间也受到限制。可以以农村电子商务为抓手，将数字化、网络化、智能化同步推进，促进重庆全市农业机械化、数字化，网络化、智慧化，促进第一、二、三产业融合，实现跨越式发展。加强一体化设计，从数字农业、智慧农业、数字乡村，数字中国角度，整体考虑农村电子商务的设计，城乡一体化设计统筹发展。与智慧城市同步，减少重复建设、数字孤岛、城乡“数字鸿沟”的增加，提升一体化、智慧化发展水平。

（七）公共服务＋市场自主＋网络帮扶促进全面发展

一方面，坚持做好政府统筹发展和公共服务，不断培育农村电子商务市场主体，提升其能力，鼓励电子商务、物流、金融、供销、快递等各类资源合作、优势对接与整合，构建农村购物网络平台，参与农村电子商务发展。另一方面，在条件差、市场主体弱小、刚脱贫的地区继续开展网络帮扶、扶志扶智，不断提升生产经营技能，激发内生动力，巩固电子商务扶贫成果[4]。

（八）用创新应用拓展新发展空间

重庆的农村电子商务可充分发挥重庆大数据智能化优势，运用感知体验智慧融合等方式创新农村电子商务模式电子商务新产品。例如，可以运用5C和

VR 技术开展远程农耕体验并提供可视化的虚拟农特产品；运用 5G 和 VR 技术开展土猪土鸡、土特产品远程认养，实现 VR 溯源，让消费者有身临其境的体验，更好地满足消费者的需求。

（九）用高品质特色品牌保证错位发展

电子商务使市场空间变大了。在传统小范围内，“土货”有市场，但在网络化的大范围内，消费者的喜好不同，网上选择空间大，没有过硬的品质、品牌是没有长久销路的。各地的农产品上传到网上，同质化的问题更加明显。因此，品质是决定一个商品能卖多久的关键，这也是决定农村电子商务持续性的关键。重庆未来应更加注重整合同质化的农产品公共品牌，通过全市统一的综合数据平台，实现网络全程质监、溯源、预警，具体销售则通过各网络平台进行，进而实现全市乃至近郊省（市）的特色品牌错位发展。

附　录

重庆市农村电子商务发展情况调查问卷

您好！非常感谢您抽出宝贵的时间来阅读和回答本次问卷！本次调查旨在了解您对重庆目前农村电子商务的了解程度以及个人看法。请您按照您的真实想法完成这份调查问卷，您的回答对于我们的研究非常重要！本问卷采用匿名方式，所有信息仅用作学术研究，不涉及任何其他目的，不对外公开。请您在您认为合适的选项前打“√”，感谢您的支持与合作！

第一部分　甄别题

您所居住的乡镇属于重庆哪个区？

A. 主城九区（渝中区、江北区、南岸区、九龙坡区、沙坪坝区、大渡口区、北碚区、渝北区、巴南区）

B. 主城新区（合川区、江津区、永川区、长寿区、涪陵区、南川区、潼南区、铜梁区、大足区、荣昌区、綦江区、璧山区）

C. 不居住在重庆任何一个乡镇（此问卷结束）

第二部分　个人基本信息

1. 您的性别

A. 男　　B. 女

2. 您的年龄

A. 25 岁以下　　B. 25－40　　C. 41－60 岁　　D. 60 岁以上

3. 您的受教育程度

A. 初中及以下　　B. 中职/中专/高中　　C. 高职/大专　　D. 本科及以上

第三部分 受访者对农村电子商务的了解情况及对电子商务的使用情况

1. 您平常上网吗？（选 A 的直接转第 3 题）

A. 经常上　　B. 偶尔上　　C. 基本不上

2. 阻碍您上网的原因是什么呢？（可多选）

A. 不太会用　　B. 价格贵

C. 网络未通/网络信号不好　　D. 其他________

3. 您平常通过什么工具上网？

A. 电脑（台式电脑、笔记本电脑、平板电脑等）

B. 手机　　C. 二者兼有

4. 您上网的主要目的有哪些？（可多选）

A. 聊天　　B. 看电影电视、短视频、打游戏等

C. 学习（看新闻等）　　D. 购物

E. 做生意　　F. 其他________

5. 您是否在网上购买过商品？

A. 从不　　B. 偶尔　　C. 经常

6. 您平时购买农产品的途径？（可多选）

A. 农贸市场　　B. 身边超市或小摊　　C. 网购　　D. 自己种

7. 您身边的人通过什么方式把他们的农产品卖出去？（可多选）

A. 农民自己拉到农贸市场上销售　　B. 通过网络途径销售

C. 农业经纪人收购　　D. 其他________

8. 您觉得在农村开展电子商务有必要吗？

A. 有必要　　B. 没必要　　C. 不知道

9. 您觉得农村电子商务发展有什么优势？（可多选）

A. 网络技术越来越成熟　　B. 新的发展机遇、市场巨大

C. 农村消费需求提升　　D. 国家政策支持

E. 农村群体庞大

10. 您觉得阻碍当地农村电子商务发展最大的障碍是？（限选 1－5 个）

A. 农村电子商务人才短缺　　B. 农村信息基础设施薄弱

C. 物流配送体系不完善　　D. 农村需求水平低
E. 农村交通不便、地点分散　　F. 消费观念滞后
G. 资金不足　　H. 推广渠道单一
I. 拳头产品单一化严重　　J. 城乡地区信息条件差异大
K. 其他________

11. 您认为要发展农村电子商务应该优先解决什么问题?(限选1-4个)
A. 改变农民的消费观念
B. 引进电子商务人才
C. 完善物流配送体系
D. 打造和完善农村电子商务平台体系
E. 数字化、网络化、智能化同步发展
F. 公共服务+市场自主+网络帮扶
G. 开展电子商务培训普及电子商务知识
H. 其他________

参考文献

[1]中国互联网络信息中心．第 49 次中国互联网络发展状况统计报告［R］．http：//www. cnnic. net. cn/hlwfzyj/hlwxzbg/hlwtjbg/202202/t20220225_ 71727. htm)，2022-2-25.

[2]范利利．农村电子商务与农村产业融合发展研究——以海门市为例［J］．新西部，2019，489（26）：62-63+71.

[3]徐丽艳，郑艳霞．农村电子商务助力乡村振兴的路径分析［J］．中国社会科学院研究生院学报，2021，242（02）：109-120.

[4]朱新宇．乡村振兴背景下内蒙古农村电子商务与一二三产业融合发展研究［J］．商业经济，2023，559（03）：59-62.

[5]国雪莲，朱忠贵．“互联网+”背景下中国农村电子商务发展分析［J］．农业展望，2021，17（02）：134-137.

[6]吕慧珍．乡村振兴背景下农村电子商务的发展现状与经验启示——以湖北省枝江市为例［J］．山西农经，2023，340（04）：72-74.

[7]严敏，马卫东．“互联网+”特色乡镇视域下农村电子商务发展模式创新研究——基于苏北地区“淘宝村、淘宝镇”调查［J］．科技经济市场，2020（06）：157-160.

[8]贺群舟．农村电子商务模式以及创新影响因素分析［J］．山西农经，2022，316（04）：58-60.

[9]李梦宇，张琬苑，周爽等．乡村振兴背景下农村电子商务财务管理创新模式问题及对策研究［J］．新农业，2022，968（11）：102-103.

[10] Esmaeili L. Rural Intelligent Public Transportation System Design: Applying the Design for Re – Engineering of Transportation Ecommerce System in Iran [M]. IGI Global, 2020.

[11] Ali Akbar Jalali, Mohammad Reza Okhovvat, Morteza Okhovvat. A New Applicable Model of Iran Rural E – commerce Development [J]. Procedia Computer Science, 2021 (3): 1157 – 1163.

[12] Kim N, Kim W. Do Your Social Media Lead You to Make Social Deal Purchases? Consumer – generated Social Referrals for Sales via Social Commerce [J]. International Journal of Information Management, 2022, 39: 38 – 48.

[13] Bhatia – Kalluri A. E – commerce for Rural Micro – Entrepreneurs: Mapping Restrictions, Ecologies of Use and Trends for Development [J]. E – commerce for Rural Micro – Entrepreneurs, 2021.

[14] Mommens K, Rai H B, Lier T V. Delivery to Homes or Collection Points? A Sustainability Analysis for Urban, Urbanised and Rural Areas in Belgium [J]. Journal of Transport Geography, 2021, 94 (12): 103095.

[15] Rodney Carr, Craig M, Parker, Tanya Castleman, Cecily Mason. Factors Affecting SME Owner – Managers´ Willingness to Share Knowledge online in Rural Local Business Networks [J]. Journal of Internet Commerce, 2021 (12 – 4): 307 – 331.

[16] Vakulenko Y, Arsenovic J, Hellstrom D. Does Delivery Service Differentiation Matter? Comparing Rural to Urban E – consumer Satisfaction and Retention [J]. Journal of Business Research, 2022 (3): 142.